la pensée tiède

Un regard critique
sur la culture française

Textes de Perry Anderson
traduits en français

Sur le marxisme occidental
De Lukacs à Gramsci, de Sartre à Althusser,
de Marcuse à Della Volpé…
« Petite collection Maspero », n° 194
La Découverte, 1977

Sur Gramsci
« Petite collection Maspero », n° 212
La Découverte, 1978

« Le néo-libéralisme »
in *La Pensée,* n° 320
Espaces Marx, 8 février 2000

Perry Anderson

la pensée tiède

*Un regard critique
sur la culture française*

TRADUIT DE L'ANGLAIS (GRANDE-BRETAGNE)
PAR WILLIAM OLIVIER DESMOND

Suivi de
la pensée réchauffée
réponse de **Pierre Nora**

Seuil

La Pensée tiède de Perry Anderson
est constitué de deux articles de l'auteur
publiés dans la *London Review of Books* intitulés
« Dégringolade » (paru le 2 septembre 2004)
et « Union sucrée » (paru le 23 septembre 2004).

www.seuil.com

la pensée tiède

*Un regard critique
sur la culture française*

I

Pour un étranger, il n'est pas de pays européen sur lequel il soit plus difficile d'écrire que la France. Si le sujet est aussi rebelle, c'est en premier lieu à cause de l'immense littérature, sans équivalent ailleurs, que les Français eux-mêmes ont produite sur leur propre société. Soixante-dix ouvrages consacrés à la seule campagne électorale du printemps 2000. Deux cents sur Mitterrand. Trois mille sur de Gaulle. De tels chiffres laissent penser qu'il y a un déchet considérable. Pourtant, tout n'est pas là simple logomachie. Un haut niveau en matière de rigueur statistique, d'intelligence analytique et d'élégance littéraire continue de distinguer les meilleurs écrits d'auteurs français sur la France.

Devant une telle montagne d'autodescription, que peut ajouter un regard étranger ? Justement, les avantages de l'éloignement – telle serait la réponse anthropologique, le *regard lointain** de Claude Lévi-Strauss. Mais, en Angleterre, la discipline d'une réelle mise à distance nous manque. Ce que la France a de familier pour nous est en fait trompeur : elle est l'Autre constamment stylisé d'une histoire insulaire et de l'imaginaire populaire ; le pays dont la langue reste la

---

* Les expressions en italique sont en français dans le texte. *[NdT]*

plus enseignée, dont les films sont les plus vus, dont les classiques sont les plus traduits ; le voyage le plus court pour un touriste voulant se rendre à l'étranger ; l'adresse la plus chic pour une résidence secondaire. Londres est aujourd'hui plus près de Paris que d'Édimbourg en train ; quinze millions de Britanniques se rendent tous les ans en France, soit plus que les visiteurs de tout autre pays. Ce voisinage a des effets anesthésiants dont la conséquence est l'équivalent, à l'échelle du pays, du piège contre lequel on met en garde les écoliers anglais lorsqu'ils apprennent le français : la France elle-même est devenue une sorte de *faux ami*.

Les spécialistes anglais de la question ne nous aident guère à rectifier ces erreurs. Il est frappant que deux historiens de la France parmi les plus connus, Richard Cobb et Theodore Zeldin, ont porté le penchant national pour l'originalité et l'excentricité jusqu'à ses extrêmes, à croire qu'ils se sont sentis tellement dépassés par leur sujet que, tels des Major Thompson férus d'historiographie, ils ont préféré, par compensation, se rabattre sur une présentation parodique des images que les Français se font de l'anglicité. Les contributions moins ambitieuses livrées par les sciences politiques, les études culturelles et le journalisme de haut niveau ne nous offrent guère d'antidotes. Les reportages eux-mêmes paraissent souvent bien émoussés : peu de dépêches sont aussi systématiquement sans saveur que celles qui nous arrivent de Paris, comme si la ville sonnait le glas de l'imagination de nos correspondants. Une brillante obscurité recouvre la France, dissimulant bien des pièges aux commentateurs d'outre-Manche. Ce qui suit ne les a probablement pas entièrement évités.

On peut très bien partir du grand débat du jour, car il est un exemple parfait des illusions que provoque ce qui est familier. Journaux, revues et librairies regorgent d'analyses du déclin français. Monté progressivement en puissance au cours des années passées, le *déclinisme* a fait une entrée en scène fracassante avec la publication, l'hiver dernier, de *La France qui tombe* par l'économiste et historien de centre droit Nicolas Baverez : cet ouvrage dénonce avec fougue la défaillance nationale qu'est « la sinistre continuité » entre les quatorze ans de François Mitterrrand et les douze années de présidence de Jacques Chirac, réunis par un « talent commun pour gagner les élections et faire perdre la France »[1]. Réfutations, confirmations, ripostes, contre-analyses se sont mises à proliférer. À première vue, Baverez donne l'impression de présenter une version française du thatchérisme, d'être un néo-libéral plus ou moins pur, et toute la controverse de se réduire à un réchauffé du sempiternel débat sur le déclin qui touche l'Angleterre. Apparences trompeuses, cependant. Le problème n'est pas le même.

Le déclin de la Grande-Bretagne depuis la guerre a été un processus qui s'est étiré dans le temps. Avec, toutefois, un point de départ précis : les illusions créées par la victoire de 1945, remportée sous l'impulsion d'un leader ayant fait ses classes lors du conflit précédent, et suivie pratiquement sans interruption par la dure réalité d'une dépendance financière vis-à-vis de Washington, de l'austérité sur le plan intérieur

---

1. Paris, Perrin, 2003, p. 131. Pour une réponse laborieuse du *juste milieu*, voir Alain Duhamel, *Le Désarroi français*, Paris, Plon, 2003, p. 163 *sq.*

et de la perte d'influence sur le plan extérieur. Le temps qu'arrive la prospérité de la société de consommation, dix ans plus tard, le pays était déjà à la traîne par rapport aux économies continentales et il se retrouvait à la porte de la Communauté européenne à la construction de laquelle il avait refusé de participer. L'État-providence lui-même qui, à sa création, avait été un événement fut au cours du temps dépassé ailleurs. Il n'y eut aucune confrontation spectaculaire avec notre passé, rien qu'une glissade progressive dans le cadre d'une stabilité politique absolue.

La décolonisation de l'empire britannique se fit à un rythme régulier, à peu de frais pour le pays – mais en bonne partie grâce à la chance. L'Inde était un trop gros morceau pour une action militaire. En revanche, on put sans peine l'emporter par les armes en Malaisie car, contrairement à ce qui se passait en Indochine, le mouvement communiste avait pour assise une minorité ethnique. La Rhodésie, contrairement à l'Algérie, était hors de portée d'un point de vue logistique. Le coût pour les colonisés fut une autre affaire : il n'est que de penser aux partages sanglants qui eurent lieu en Irlande, en Palestine, au Pakistan et à Chypre. La société britannique en sortit apparemment indemne. Cependant, à l'instar de l'État-providence auquel on l'associait souvent comme principale réussite politique de l'après-guerre, cette décolonisation finit aussi par perdre son lustre lorsque l'abcès de l'Ulster se rouvrit. L'événement décisif de la période se trouve ailleurs, dans l'abandon, après l'expédition de Suez, de toute prétention de la Grande-Bretagne à l'autonomie vis-à-vis des États-Unis. Depuis lors, l'attelage de la nation à la superpuissance mondiale – un impératif politique pour les deux grands partis, et plus encore pour les travaillistes que pour les conservateurs – a servi à amortir la perte de standing dans l'imagination populaire tout en étant mis en avant par la diplomatie. La vie intellectuelle a été à l'unisson, sa vitalité depuis la fin de la guerre devant beaucoup à des apports extérieurs, notamment à celui des émigrés d'Europe centrale et de l'Est, et peu à de rares grands esprits de souche. Ici aussi le tassement se fit en douceur.

Le sentiment du déclin ne devint aigu chez les élites britanniques qu'au cours des années soixante-dix, lorsque, sous l'incidence de la stagflation, de violents affrontements se produisirent à propos de la redistribution des ressources. Il s'ensuivit un brusque basculement du centre de gravité dans le système politique, et Margaret Thatcher reçut mandat d'enrayer la chute. Le traitement de cheval néo-libéral, poursuivi par le New Labour, rendit force et vigueur au capital et redessina le paysage social. Le Royaume-Uni se fit, sur le plan international, le pionnier des programmes de privatisation et de dérégulation, comme il avait autrefois lancé ceux de l'État-providence et des nationalisations. On eut droit à la mise en scène d'un modeste regain de l'activité économique, alors que les infrastructures continuaient à se dégrader et les écarts sociaux à se creuser. Avec le ralentissement en Europe, les affirmations d'une renaissance nationale sont devenues plus fréquentes, sans guère convaincre toutefois.

En politique extérieure, le succès le plus éclatant de Mme Thatcher s'est borné à reprendre à l'Argentine la minuscule colonie des Falkland, dans l'Atlantique Sud;

celui de Blair, à embrigader le pays dans l'invasion américaine de l'Irak. La fierté ou la honte que peuvent provoquer ces aventures n'affectent guère le reste du monde. Sur un plan international, l'icône culturelle du pays est une célébrité du football. Les orientations politiques demeurent à peu près les mêmes; en dépit d'une croissance modérée, la productivité reste faible; les universités n'ont plus un sou; le réseau ferré est dans un état de vétusté avancé; le ministère du Trésor, la Banque centrale et la City font toujours la loi; la diplomatie est à la botte des États-Unis. C'est là un bilan dont il ne ressort pas grand-chose. La façon dont la Grande-Bretagne déchoit dans le monde pourrait elle-même être qualifiée de médiocre.

*

Pour la France, c'est une autre histoire. Après la défaite, l'Occupation puis la Libération, elle se trouvait à un niveau bien plus bas que la Grande-Bretagne. La Résistance avait sauvé l'honneur du pays, et le pays avait sauvé la face à Potsdam; néanmoins, il était moins une puissance victorieuse qu'un rescapé. Du point de vue économique, la France était encore une société majoritairement rurale; le revenu moyen par tête ne s'élevait qu'aux deux tiers de celui des Britanniques. Du point de vue sociologique, les paysans restaient la classe la plus nombreuse, avec 45 % de la population. Du point de vue politique, la IVe République s'enlisait dans les sables mouvants de l'instabilité gouvernementale et des désastres coloniaux. Quinze ans après la Libération, l'armée se révoltait en Algérie et le pays était au bord de la guerre civile. L'après-guerre pouvait donner l'impression d'un échec spectaculaire.

En fait, la IVe République fut à bien des égards une époque d'extraordinaire vitalité. C'est alors que la structure administrative de l'État fut réaménagée et que l'élite technocratique qui domine aujourd'hui le monde de la politique et des affaires prit corps. Pendant que l'on assistait à la valse des cabinets, de hauts fonctionnaires assuraient la continuité des politiques *dirigistes* qui ont modernisé l'économie française à un rythme près de deux fois plus rapide qu'en Grande-Bretagne. Ce sont des architectes français – Monnet et Schuman – qui ont posé les fondations de l'intégration européenne et ce sont des politiciens français qui ont mené à bon port le traité de Rome : la naissance de la Communauté européenne, juste avant que n'expire la IVe République, doit effectivement plus à la France qu'à tout autre pays. La littérature française, à l'époque des Sartre, Camus et Beauvoir, a joui d'un lectorat international probablement sans équivalent dans le monde d'après 1945, bien supérieur à ce qu'il était entre les deux guerres.

Si bien que lorsque de Gaulle vint au pouvoir, porté par la vague de la révolte militaire en Algérie, l'État dont il hérita, aussi délabré qu'il parût, présentait de solides bases pour une renaissance nationale. Certes, l'homme promit bien plus que cela. La France, avait-il annoncé, était inconcevable sans *grandeur*. Dans son esprit, le terme avait des connotations qui le mettaient au-dessus des prétentions vulgaires affichées dans le nom Grande-Bretagne : il s'agissait d'un idéal plus archaïque et plus abstrait, que même nombre de ses compatriotes trouvaient démodé. Il est cependant difficile de dire que l'homme et la reconstruction à laquelle il a présidé n'en ont pas fait preuve. Il est courant de le comparer à Churchill dans les panthéons nationaux. Au-delà de la légende romantique, toutefois, il n'y a pas égalité entre eux. De Gaulle a accompli bien davantage. Churchill, aussi pittoresque qu'ait été le personnage, a joué dans la Grande-Bretagne du XXᵉ siècle un rôle comparativement limité, celui de chef inspiré durant une année cruciale dans une guerre gagnée par les troupes soviétiques et la richesse américaine ; s'ajoute à cela, la paix revenue, un épilogue de gouvernement aussi bref qu'insipide. L'image qu'il a laissée est imposante, l'empreinte modeste. Mis à part des illusions impérialistes d'une autre époque, la Grande-Bretagne d'après la guerre lui doit bien peu.

En exil, de Gaulle eut un leadership plus purement symbolique et, lorque la paix revint, il ne réussit guère mieux à s'adapter à une situation pour laquelle il avait de meilleures cartes en mains. Pourtant, il était plus jeune d'une génération, et il avait une tournure d'esprit infiniment plus originale et plus réfléchie. Lorsqu'il revint au pouvoir, dix ans après avoir claqué la porte, il avait maîtrisé l'art de la politique et il se révéla un talent unique en la matière. Aucun autre grand dirigeant de l'après-guerre, en Occident, ne lui arrive à la cheville. Il mit habilement fin au plus grand conflit colonial du siècle – le contingent français en Algérie atteignit à son maximum 400 000 hommes de troupe, et il y eut peut-être un million de morts côté algérien* – et il

---

* Chiffre qui a été très largement révisé à la baisse depuis. *[NdT]*

écrasa la résistance qu'opposaient à ce règlement ceux-là mêmes qui l'avaient porté au pouvoir. Une nouvelle république fut fondée avec des institutions – notamment un exécutif présidentiel fort – conçues pour donner au pays une stabilité politique. La modernisation poussée de l'économie fut conduite au pas de charge, avec de grands programmes infrastructurels et une amélioration rapide du niveau de vie dans les villes. La grande propriété agricole fut protégée par la PAC, une invention française, tandis que les campagnes commençaient à se vider et que la capitale retrouvait son ancienne splendeur.

Le phénomène le plus frappant n'en reste pas moins la transformation que connut la place de l'État français dans le monde. La Guerre froide s'éternisant, de Gaulle fit de la France la seule puissance vraiment indépendante de l'Europe. Sans rompre avec les États-Unis, il la dota d'une dissuasion nucléaire qui ne devait rien aux Américains et il la braqua *tous azimuts*. Il retira les forces françaises du commandement de l'OTAN, boycotta les opérations militaires que les Américains conduisaient au Congo sous l'égide de l'ONU, amassa des réserves d'or pour affaiblir le dollar, condamna l'intervention américaine au Vietnam et l'arrogance d'Israël au Moyen-Orient, mit son veto à l'entrée de la Grande-Bretagne dans le Marché commun – autant d'actions qui seraient impensables dans le monde frileux d'aujourd'hui, et qui l'étaient déjà pour les dirigeants britanniques d'alors. S'il y avait un pays, à cette époque, auquel ne s'appliquait pas la notion de déclin, c'était bien la France. Dotée d'une économie vigoureuse, d'un État exceptionnellement fort, d'une politique extérieure intrépide, elle n'avait jamais fait preuve d'autant de dynamisme depuis la Belle Époque.

Le rayonnement du pays était aussi culturel. La création de la Vᵉ République coïncida avec un épanouissement d'énergies intellectuelles qui mit la France à part pendant quelque quarante ans. Rétrospectivement, le nombre des œuvres et des idées qui ont connu un retentissement mondial est saisissant. On pourrait soutenir que l'on n'avait rien vu de tel depuis un siècle. Traditionnellement, la littérature a toujours occupé le sommet du Parnasse culturel français. Juste en dessous se trouve, dans son nimbe, la philosophie, les deux voisinant depuis l'époque de Voltaire et Rousseau jusqu'à celle de Proust et Bergson. À l'échelon suivant, se tiennent les *sciences humaines*, l'histoire en tête, la géographie et l'ethnologie la serrant de près, l'économie d'un peu plus loin. Sous la Vᵉ République, cette hiérarchie traditionnelle subit de notables changements. Sartre refusa le prix Nobel de littérature en 1964 ; après lui, aucun écrivain français n'atteignit jamais le même degré d'influence dans son pays ou à l'étranger. Le *Nouveau Roman* resta un phénomène plus circonscrit, loin de faire l'unanimité en France et encore moins à l'étranger. Les lettres, au sens classique du terme, perdirent leur suprématie dans la culture en général. À leur place, on célébra, devant l'autel de la littérature, un mariage exotique entre pensée sociale et philosophie. Ce sont les fruits de cette union qui donnèrent à la décennie pendant laquelle de Gaulle fut au pouvoir son intensité et son éclat particuliers. Ce fut pendant ces années-là que Lévi-Strauss devint le plus célèbre anthropologue du monde ; que Braudel fut consacré comme l'historien le plus influent ; que Barthes acquit le statut de critique littéraire le plus original ; que Lacan commença à établir sa réputation de mage de la psychanalyse ; que Foucault inventa son archéologie du savoir ; que Derrida devint le philosophe antinomique de son temps ; que Bourdieu développa les concepts qui allaient faire de lui le sociologue le plus connu. Ce concentré explosif d'idées est étonnant. En deux ans seulement (1966-1967), furent publiés *Du miel aux cendres*, *Les Mots et les Choses*, *Civilisation matérielle et Capitalisme*, *Système de la mode*, *Écrits*, *Lire le Capital* et *De la grammatologie*, sans parler – venant d'un tout autre monde – de *La Société du spectacle*. Quelle qu'ait été la charge de ces ouvrages et d'autres, il ne semble du coup pas tellement surprenant que, l'année suivante, une fièvre révolutionnaire se soit emparée de la société elle-même.

La réception à l'étranger de tout ce bouillonnement d'idées a beaucoup varié d'un pays à l'autre, mais aucune des grandes cultures occidentales, sans même parler du Japon, n'y a complètement échappé. Cela tint en partie au cachet traditionnel de tout ce qui est parisien, avec sa coloration de mode tenant lieu d'esprit, mais c'était aussi l'effet du brouillage des frontières entre les genres dont témoignait cette production. Car si la littérature a perdu sa position dominante dans la culture française, la conséquence ne fut pas tant son bannissement que son déplacement. Pour qui compare les ouvrages majeurs de sciences humaines et de philosophie publiés pendant cette période, leur caractère frappant est la tendance qu'ils ont eue à se présenter de plus en plus à la façon d'exercices de style d'une grande virtuosité, utilisant bien davantage les ressources et les licences des formes littéraires que celles de la prose universitaire. Les *Écrits* de Lacan, plus proches de Mallarmé que de Freud par leur syntaxe, ou le *Glas* de Derrida, avec ses doubles colonnes entrecroisant des textes de Genet et de Hegel, représentent les formes extrêmes de cette stratégie. Mais les vaticinations oraculaires de Foucault, mêlant Artaud et Bossuet, les constructions wagnériennes de Lévi-Strauss, les coquetteries éclectiques de Barthes appartiennent toutes au même registre.

Pour comprendre ce phénomène, il faut avoir présent à l'esprit le rôle formateur que joua la rhétorique, *via* la dissertation, aux niveaux supérieurs du système éducatif français par lesquels ces penseurs – pratiquement tous *khâgneux* ou *normaliens* – sont passés ; elle est le trait d'union potentiel entre la littérature et la philosophie. Même Bourdieu, qui prend notamment pour cible cette tradition rhétorique, n'a pu s'empêcher d'en donner sa propre version ; encore n'est-il pas allé aussi loin qu'Althusser – dont il a déploré les obscurités. Le prix à payer pour une conception littéraire des disciplines intellectuelles est des plus évidents : une argumentation dégagée de toute logique, des propositions se passant de preuves. Les historiens ont été les moins enclins à une telle *import-substitution* de la littérature ; mais, il arriva que même Braudel, emporté par une éloquence trop flamboyante, ne maîtrisât plus son propos. C'est cette caractéristique de la culture française d'alors qui, à l'étranger, a si souvent polarisé des réactions balançant entre adulation et méfiance. La rhétorique est conçue pour envoûter, et un culte s'établit facilement chez ceux qui y succombent. Mais elle peut aussi rebuter, et conduire à des accusations d'escamotage et d'imposture. Un jugement équilibré en la matière ne sera jamais aisé. Ce qui est sûr, c'est que la fusion hyperbolique des formes imaginatives et discursives de l'écriture, avec son cortège de dérapages éventuels, a été également inséparable de ce qui a fait l'originalité radicale de cet ensemble d'ouvrages.

La vitalité de la culture française sous de Gaulle n'a évidemment pas dépendu de ces seuls grands noms. Elle se signalait aussi par d'autres atouts comme le journal *Le Monde*, alors le plus remarquable de la planète. Sous la direction austère de Hubert Beuve-Méry, le quotidien parisien, par sa couverture internationale, son indépendance politique et son standard intellectuel, constituait une catégorie à lui seul dans toute la presse périodique occidentale. Le *New York Times*, le *Times* ou le *Frankfurter Allgemeine* n'étaient que des feuilles de chou provinciales en comparaison. Dans le monde universitaire, ce fut aussi le temps où les *Annales*, publication relativement confidentielle sous la IVᵉ République, devinrent une force dominante de l'historiographie française, lui procurant tout à la fois un rôle plus central dans la culture générale (rôle qu'elle avait eu autrefois mais qu'elle avait depuis longtemps perdu) et une large influence à l'étranger. L'autorité de Braudel sur la Sixième Section de l'École pratique des hautes études [EHESS] lui permit de rajeunir les sciences sociales et de poser les fondations de ce qui allait devenir la Maison des sciences de l'homme, en regroupant disciplines et talents sur un mode digne du Consulat. *Last but not least*, il y avait le cinéma. Ici aussi, comme ailleurs, les origines de cette spectaculaire poussée créatrice sont à rechercher dans les sous-cultures de la IVᵉ République. L'une de leurs caractéristiques, demeurée intacte tout au long des années soixante, a été le nombre et la diversité des revues de débats et d'idées, qui ont joué un rôle bien plus important dans la vie intellectuelle française que dans n'importe quel pays occidental. *Les Temps modernes* de Sartre, *Critique* de Bataille, *Esprit* de Mounier sont les plus connues d'entre elles. C'est dans ce contexte que *Les Cahiers du cinéma* de Bazin ont pris place, devenant le creuset dans lequel se sont formées les passions et les convictions des futurs réalisateurs de la Nouvelle Vague.

Leurs débuts à l'écran ont coïncidé avec l'arrivée de De Gaulle au pouvoir. *Les Quatre Cents Coups* et *Les Cousins* datent de 1959, *À bout de souffle* de 1960. Après la guerre, Paris avait indiscutablement perdu la place de capitale de la peinture moderne qu'elle détenait depuis un siècle. Mais si l'on considère les arts visuels dans leur ensemble, on peut dire que la France s'est dédommagée avec brio grâce à ses films. Ou, de manière tout aussi plausible, si l'on voit dans le cinéma l'art qui a supplanté le roman comme la forme narrative dominante, on pourrait considérer Godard comme l'équivalent contemporain des grands écrivains du passé, produisant un chef-d'œuvre après l'autre : *Le Mépris*, *Bande à part*, *Une femme mariée*, *Pierrot le Fou*, *Deux ou Trois Choses*, *La Chinoise*, *Week-end* ponctuent la décennie comme jadis les derniers volumes de Balzac ou de Proust. Aucun autre pays, pas même l'Italie, n'a égalé la fulgurance du cinéma français dans ces années-là.

*

Tout cela, aujourd'hui, est du passé. Le sentiment est général que la Ve République, alors qu'elle approche le demi-siècle, offre un paysage déchu. L'économie, après avoir avancé au rythme poussif de 1,3 % pendant les années quatre-vingt-dix, est de nouveau dans le creux de la vague, avec un déficit qui s'alourdit, une dette publique en hausse et un taux de chômage très élevé. Près de 10 % de la population active – elle-même artificiellement réduite par la part importante des préretraites – est sans emploi. Un quart de la jeunesse française n'a pas de travail, les deux cinquièmes dans les familles d'immigrés. L'enseignement secondaire, naguère le meilleur d'Europe, connaît une détérioration régulière, et nombreux sont ceux qui sortent du système en sachant à peine lire. Bien que la France dépense plus pour les élèves de ses lycées (pour la première fois dépassés, exception faite des meilleurs établissements, par les écoles privées) que pour les étudiants de l'université, elle a l'un des niveaux de performance en lecture les plus bas de l'OCDE. La recherche scientifique, qu'on la mesure en termes de crédits ou de découvertes, s'est effondrée : la fuite des cerveaux, phénomène pratiquement inconnu par le passé, touche les laboratoires du pays.

Le système politique, gangrené par la corruption, fait l'objet d'un mépris de plus en plus grand dans l'opinion publique. Près d'un tiers de l'électorat – soit un nombre bien plus important que celui des voix obtenues par un seul candidat – ne s'est pas dérangé pour le premier tour de l'élection présidentielle de 2002. Le sortant n'a même pas obtenu un cinquième des voix ; et l'abstention a atteint 40 % aux élections législatives. L'Assemblée nationale est le parlement le plus faible du monde occidental, et il présente plus d'un trait commun avec les chambres d'écho du premier

Empire. L'actuel chef de l'État devrait être poursuivi pour malversation si la Cour constitutionnelle ne s'était hâtée de lui accorder l'immunité – avec un mépris de l'égalité devant la loi que même son homologue italien, dans ce que l'on imagine être une culture politique encore plus cynique, n'a pas été capable de s'assurer. La politique étrangère est une parodie avariée du gaullisme : opposition retentissante aux prétextes invoqués par les États-Unis pour la guerre au Moyen-Orient, suivie de mesures pratiques pour la mise à disposition de son espace aérien et de souhaits empressés de victoire une fois l'attaque lancée ; puis amende honorable tout aussi ardente pour sa déloyauté *via* une opération conjointe pour renverser un autre potentat dont on n'était pas content aux Antilles ; enfin, accord donné au régime fantoche de Bagdad. À l'intérieur, le prestige des grands travaux publics, source d'orgueil national dès les années quatre-vingt-dix, gît dans la poussière et les gravas mortuaires de Roissy.

On pourrait faire observer que la pression économique et la corrosion politique laissent intactes les valeurs essentielles de la France, telles qu'elle-même et le reste du monde les conçoivent. Aucune nation, après tout, n'a aussi ouvertement fondé son identité sur la culture, la notion étant comprise au sens le plus large. Mais ici encore, autant et sinon plus qu'en ce qui concerne l'économie et la politique, le tableau pris dans son ensemble est consternant : pour beaucoup, il s'agit même d'une véritable *dégringolade*. L'époque de Malraux est depuis longtemps révolue. On ne pourrait trouver meilleur symbole de l'état actuel des choses que le sort fait à son malheureux successeur au poste de philosophe de cour, le *salonnard* Luc Ferry, ministre de l'Éducation sous Chirac : bombardé avec son dernier opuscule et hué par les enseignants lorsqu'il fit la tournée des établissements scolaires pour les persuader d'adopter son train de mesures restrictives, avant d'être mis à l'écart sans ménagement comme une gêne pour son maître.

Plus généralement, on a le sentiment que le toc*, l'abêtissement, ainsi que la confusion des choses intellectuelles avec une politique et un argent corrupteurs envahissent tout. La presse et la télévision, depuis longtemps adonnées aux pratiques incestueuses du *renvoi d'ascenseur* (existe-t-il un équivalent aussi expressif dans une autre langue ?), ont abandonné leurs anciennes réserves non seulement dans le débat d'idées mais encore dans les relations avec le pouvoir et le monde des affaires. Le déclin du *Monde* est ici emblématique. Ce journal n'est aujourd'hui que la parodie du quotidien créé par Beuve-Méry : glapissant, conformiste et provincial, ressemblant de plus en plus à son site web qui agresse le lecteur par des accroches plus imbéciles et des publicités plus débiles qu'un tabloïd américain. Le profond mécontentement qu'éprouvent nombre de ses lecteurs – lecteurs captifs faute d'alternative – pour ce qu'il est devenu a éclaté au grand jour quand un ouvrage polémique très inégal contre le trio de dirigeants (Alain Minc, Edwy Plenel et Jean-Marie Colombani) qui l'a débauché s'est vendu à 200 000 exemplaires en dépit des menaces de pour-

---

* En témoigne l'apparition du concept de « vrai-faux » avec un certain passeport délivré par les services de Charles Pasqua, alors ministre de l'Intérieur. *[NdT]*

suites légales un temps brandies et finalement abandonnées par crainte d'une déroute judiciaire.

La Face cachée du «Monde», un pavé de six cents pages où l'on trouve à la fois des preuves accablantes et pas mal de contradictions et de considérations hors de propos, raconte une histoire peu râgoutante de manœuvres économiques prédatrices, de flagorneries et de vendettas politiques, de considérables échanges de faveurs et – *last but not least* – d'enrichissements personnels immodérés. «Depuis la fondation du *Monde*, disait dans sa retraite Beuve-Méry, l'argent se tient en bas, à la première marche de l'escalier, pour se faire admettre dans le bureau du directeur. Il est là, patient comme toujours, persuadé qu'il finira bien par avoir le dernier mot[1].» Le conglomérat de médias bâti par Colombani et ses associés montre que désormais c'est bien lui qui s'est installé dans le fauteuil directorial. Toutefois, aussi forte que puisse être la rapacité des dirigeants du quotidien, le type de journalisme qu'ils représentent est trop universel pour s'expliquer seulement ainsi. On en trouvera une analyse plus approfondie dans *Les Nouveaux Chiens de garde*[2] de Serge Halimi, qui démonte les rouages des complicités mutuelles se développant au sein de tout l'*establishment* des commentateurs. Ce que montre cette étude sardonique des attitudes serviles et des poses avantageuses chez

---

1. Pierre Péan et Philippe Cohen, *La Face cachée du «Monde». Du contre-pouvoir aux abus de pouvoir*, Paris, Mille et Une Nuits, 2003, p. 604.

2. Paris, Liber-Raisons d'agir, 1997. Cette merveilleuse petite dissection a connu dix-sept éditions et s'est vendue à 300 000 exemplaires. Il n'en existe pas d'équivalent en anglais, même si des journaux comme le *Guardian* et consorts en appelleraient un.

les monopoliseurs de la parole et les sages de l'édition parisienne, c'est un système de connivences qui se fonde au moins autant sur des bases idéologiques que sur des investissements économiques.

Le monde des idées va à peine mieux. La mort a rattrapé pratiquement tous les grands noms : Barthes (1980) ; Lacan (1981) ; Aron (1983) ; Foucault (1984) ; Braudel (1985) ; Debord (1994) ; Deleuze (1995) ; Lyotard (1998) ; Bourdieu (2002). Seuls, Lévi-Strauss, âgé de 95 ans, et Derrida*, qui en a 74, sont encore vivants. Après cette génération, aucun intellectuel français ne s'est acquis une réputation internationale comparable. Cette absence n'est pas forcément une mesure de la valeur de ce qui existe. Mais si l'on continue à produire çà et là des œuvres d'une qualité incontestable, l'état général de la vie intellectuelle est suggéré par l'importance étrange accordée à Bernard-Henri Lévy, de loin le « penseur » de moins de soixante ans le plus connu dans le pays. Il serait difficile d'imaginer une inversion plus radicale des normes nationales en matière de goût et d'intelligence que l'attention accordée par la sphère publique en France à ce grand nigaud, en dépit des preuves innombrables de son incapacité à saisir correctement un fait ou une idée. Une telle caricature pourrait-elle existé dans une autre grande culture occidentale aujourd'hui ?

Si ce qui se prétend philosophie est de ce niveau, la littérature n'est pas mieux lotie. Le romancier aujourd'hui à la mode, Michel Houellebecq – le « Baudelaire des super-

* Jacques Derrida est mort le 9 octobre 2004, quelques semaines après la parution du présent article. *[NdT]*

marchés» pour ses admirateurs –, occupe une position qui rappelle celle de Martin Amis dans les lettres anglaises, celle de l'écrivain par lequel les lecteurs adorent être scandalisés, même si, au-delà des lieux communs de sexe et de violence, leur manière d'*épater* est asymétrique : flamboiement de style et bienséance des sentiments chez Amis, idées provocantes et prose banale chez Houellebecq. Le Français, qui vient de la science-fiction, est apparemment moins conventionnel ; il est capable à l'occasion de lancer une remarque déstabilisante, quoique jamais bien profonde ; mais, comme on pouvait s'y attendre de par ses origines, il montre moins d'imagination littéraire. Le débit monotone de ses phrases sans relief ni vigueur est censé reproduire le monde démoralisé qu'elles dépeignent et non signaler les limites du talent de l'écrivain. Un simple coup d'œil à la poésie de bazar de Houellebecq suffit à faire comprendre que cette alliance est des plus naturelles. Qu'une telle écriture puisse s'attirer les éloges des faiseurs d'opinion en dit long sur une autre faiblesse de la culture française, elle bien moins récente : la place étonnamment réduite accordée à la critique. L'idée la plus courante de ce qu'est un compte rendu – voir pour cela *La Quinzaine littéraire*, *Le Nouvel Observateur*, *Le Monde des livres*, *Libération* – est ce qui, ailleurs, ne serait guère plus qu'une réclame. Certes, la règle comporte des exceptions, mais elles tendent à n'être qu'une simple inversion, la calomnie érigée en rituel. Il n'existe en France aucun équivalent du *TLS* ou de la *LRB**, de *L'Indice* ou de

---

* Respectivement *Times Literary Supplement* et *London Review of Books*. [NdT]

la section livre de *The New Republic*, ni même des mornes pages de *Die Zeit*: une discussion franche, soutenue et pertinente d'une œuvre de fiction, d'un essai ou d'un livre d'histoire est devenue une rareté.

Il n'en a pas toujours été ainsi. La culture de la IVe République et des premières années de la Ve, lorsque les divisions politiques étaient plus fortes et les conflits plus animés dans les rédactions comme entre les journaux, portait à plus d'argumentation et de critique qu'on n'en trouve aujourd'hui. Le cas des *Cahiers du cinéma* est l'un des plus frappants. Que sont-ils devenus? Un magazine commercial de plus dans l'écurie de Colombani, que l'on pourrait prendre pour *Elle* dans les kiosques à journaux. Si le cinéma français lui-même n'est pas tombé aussi bas, c'est dû avant tout à l'activité persistante de ceux qui furent à l'origine de sa révolution: Godard, Rohmer et Chabrol sont toujours aussi actifs qu'à leurs débuts. Quant aux productions françaises actuelles, le seul film qui ait été exporté avec succès ces dernières années, *Amélie Poulain*, est d'un kitsch à faire blêmir Hollywood même.

*

Il ne serait pas légitime, bien entendu, de réduire la scène française d'aujourd'hui à ses manifestations les moins reluisantes. Un simple inventaire des échecs ne peut rendre compte des réalités inégales d'une société en mouvement; il faut encore considérer d'autres aspects et d'autres éléments. Il est aussi exact que toute comparaison dans le temps porte à la distorsion des perspectives et à la sélection des données. Dans le cas de la France que hante encore la régence sûre de soi du Général, peut-être plus qu'ailleurs. Le malaise actuel n'est cependant pas une chimère et il appelle une explication. Que cache cette apparente dégradation des institutions, des idées, des formes, des normes? Une première explication, évidente, voudrait que ce qui était naguère «l'exception française», autrement dit toutes les façons dont cette société et sa culture échappaient à la médiocrité routinière de l'écoumène atlantique environnant, ait été progressivement laminé par deux forces irrésistibles : le progrès du néo-libéralisme dans le monde et l'adoption croissante de l'anglais comme langue universelle. L'une et l'autre ont sans aucun doute ébranlé les fondements des conceptions traditionnelles de la France. Historiquement, ni la gauche ni la droite, aussi farouchement divisées qu'elles soient par ailleurs, n'ont jamais fait confiance au marché comme principe organisateur de l'ordre social : le laisser-faire est une expression française qui a toujours été étrangère aux réalités de la France. Même aujourd'hui, il est l'objet d'une telle suspicion que, cas unique dans le monde occidental, le terme contemporain «néo-libéral», avec toutes ses connotations négatives, n'est guère employé, comme s'il était redondant : «libéral» suffit à lui seul, pour bien des secteurs de l'opinion, à désigner l'immonde. La *Gleichschaltung** des modes de l'économie occidentale entamée sous Mme Thatcher et Reagan était donc condamnée à frapper on ne saurait plus douloureusement une tradition nationale d'inter-

---

* « Mise au pas ». En allemand dans le texte. *[NdT]*

ventionnisme économique et de protection sociale, tradition commune à la IVe et à la Ve République.

Coïncidant avec la pression économique venue de la dérégulation des marchés financiers, et souvent considérée comme en constituant la simple dimension culturelle, advint la victoire de l'anglais, instrument irrésistible de la communication universelle dans les affaires, les sciences et les échanges intellectuels. Pour les petits pays de l'Europe du Nord, le Bénélux et la Scandinavie, cela ne faisait que confirmer un bilinguisme déjà bien établi. Les élites politiques et intellectuelles de la République fédérale d'Allemagne avaient toujours été si asservies aux États-Unis qui avaient sauvé leur pays d'un passé déshonorant que les prétentions de l'allemand étaient après guerre fort limitées. Les Italiens, eux, n'avaient jamais imaginé que leur langue pût être de quelque importance, sinon pour eux-mêmes. La situation de la France, en revanche, était radicalement différente. Le français, jadis, avait été la langue commune de l'Europe des Lumières ; il était parlé par les classes supérieures du continent et dans certains pays (la Prusse, la Russie), il était parfois même préféré à l'idiome national. Il resta la langue diplomatique tout au long du XIXe siècle. Il était encore le principal moyen de communication de la bureaucratie européenne jusque dans les années quatre-vingt-dix. Longtemps identifié avec la notion de civilisation française – quelque chose de plus vaste qu'une culture –, le français était une langue consciente de sa propre universalité.

Les feux d'artifice intellectuels des *Trente Glorieuses*, en s'élevant haut dans les airs et en explosant bien au-delà des frontières de la France, renforcèrent cette idée. Mais les conditions qui les avaient produits avaient directement dépendu de la formation donnée dans les grands lycées parisiens et à l'*École normale*; là, comme dans une serre, des générations de talents furent élevées, produisant une élite sûre de soi et spirituellement, souvent aussi pratiquement, monolingue. L'essor de l'*École nationale d'administration*, fondée seulement en 1945, qui allait devenir la pépinière des «aigles» de la politique et des affaires (Pompidou fut le dernier *normalien* à diriger le pays), tendait déjà à orienter la formation de l'élite dans une direction plus technocratique. Puis, après 1968, les réformes universitaires et scolaires se firent sur le modèle de ce qui se pratiquait ailleurs: accès plus large à l'éducation, sans attribution des moyens nécessaires pour maintenir le niveau d'exigence qui avait été celui d'un système plus fermé.

La démocratisation par le bas ne pouvait que saper le moral et la cohésion d'une institution nationale qui avait été l'orgueil de la IIIe République. Le prestige de l'*instituteur* s'est effondré; les programmes n'ont cessé d'être dépecés et revus à la baisse, si bien qu'aujourd'hui le *lycéen* moyen n'est en contact qu'avec des bribes des grands classiques français; les écoles privées se développent sur ces carences. Il s'agit d'une histoire bien connue, que l'on retrouve dans pratiquement toutes les sociétés occidentales. Mais il s'y ajoute en France le coup brutal, pour la fierté culturelle nationale, qu'a été l'invasion de l'anglais, *via* le monde des affaires, des loisirs et du journalisme. Au cours des vingt dernières années, la proportion de films français vus chaque année est tombée de la moitié au tiers: 60% de ce qui est projeté dans les salles est aujourd'hui américain.

Le Monde publie le week-end une sélection en langue originale du *New York Times*. Le français, l'un des symboles
majeurs de l'identité nationale, subit une forte pression.
Dans ces conditions, une certaine baisse des productions
intellectuelles était escomptée.

Mais s'il est exact que les conditionnements culturels et
politiques de l'anglosphère ont imposé des contraintes gran-
dissantes à bien des traditions et des institutions françaises,
les changements politiques à l'intérieur de la société française
jouèrent un rôle déterminant dans l'étiage que connaît
aujourd'hui le pays. De Gaulle était aux affaires lors de l'apogée du renouveau de la France d'après-guerre. Son règne
a culminé avec l'explosion de mai-juin 1968. Un an plus
tard, il était parti. Toutefois, les énergies sociales qui s'étaient
libérées pendant cette crise et qui étaient allées presque
jusqu'au soulèvement étaient déjà vaincues. Aucun élan
comparable ne s'est produit par la suite. Dans cette optique,
la France n'a fait depuis que s'enfoncer dans la dépression
post-partum d'une révolution avortée: ce qui aurait dû être
le moment décisif de son histoire contemporaine, comme
cela s'était déjà passé en 1848, n'avait rien décidé du tout.

*

Aussi séduisante qu'une telle hypothèse puisse paraître, la
chaîne des événements fut plus complexe. Bien que la poussée révolutionnaire de 1968 eût été brisée dans ses effets
immédiats, les énergies qui l'avaient soulevée ne disparurent
pas pour autant du jour au lendemain. D'un point de vue
politique, la plupart d'entre elles empruntèrent, un temps,

les canaux plus conventionnels de la gauche. Le début des années soixante-dix vit un soudain accroissement des adhésions au Parti communiste, la réunification du Parti socialiste et, en 1972, socialistes et communistes, enterrant apparemment les divisions nées de la Guerre froide, s'entendirent pour signer un Programme commun. En dépit de la victoire d'une courte tête de Giscard d'Estaing aux présidentielles de 1974, les sondages indiquaient que les élections législatives prévues pour l'automne 1978 donneraient une très nette victoire à la gauche, ce qui allait entraîner la formation du premier gouvernement socialo-communiste depuis la guerre, sur la base d'un programme répudiant le capitalisme et envisageant un vaste mouvement de nationalisation des banques et des industries.

Ce fut cette perspective qui, provoquant des réactions proches de la panique dans la droite, précipita la véritable rupture dans l'histoire politique et intellectuelle de la France d'après-guerre. La mobilisation, devant le spectre du marxisme faisant son entrée à l'Hôtel Matignon, fut rapide, vaste et radicale. Les attaques les plus tapageuses de la campagne furent le fait d'anciens intellectuels *gauchistes* qui, entre 1975 et 1977, avaient été lancés par les médias sous l'étiquette de *nouveaux philosophes*. Ils mettaient le pays en garde contre les horreurs du totalitarisme soviétique et de ses origines théoriques. Si une ligne droite pouvait être tirée d'Engels à Yezhov, les Français seraient-ils assez fous pour laisser Marchais et Mitterrand la faire aller jusqu'à eux ? Emballé de titres racoleurs, *La Cuisinière et le Mangeur d'hommes*, *La Barbarie à visage humain*, et placé sous le haut patronage de l'Élysée, le message reçut un renfort aussi inattendu qu'opportun : la traduction française en 1976 de *L'Archipel du Goulag* de Soljenitsyne. Manquant d'une forte tradition universitaire de soviétologie, la France, contrairement aux États-Unis, à la Grande-Bretagne et à l'Allemagne, était peu au fait de ce qui se passait réellement sous Staline ; ce qui était de notoriété publique ailleurs pendant la Guerre froide fit l'effet d'une révélation pour le *Tout-Paris* quand la détente arriva.

Pendant une courte période, Soljenitsyne put donc exercer, pour reprendre l'expression de l'un de ses admirateurs français, le « magistère moral[1] » que les Français accordent traditionnellement à l'un de leurs grands écrivains – rôle qui prit fin lorsqu'on commença à mieux connaître ses opinions peu obligeantes sur l'Occident et autres inconvenances. Toutefois, tant qu'il dura, ses effets furent considérables et ils contribuèrent à mettre en orbite BHL et ses amis. Au milieu de la peur grandissante du danger communiste, le PCF lui-même permit à ses adversaires de pousser un soupir de soulagement, en dénonçant brusquement son alliance avec le PS, par crainte de devenir un partenaire de second ordre dans cette union, ce qui mettait un terme à toutes les chances qu'aurait eues la gauche d'obtenir la majorité à l'Assemblée nationale. En 1981, lorsque Mitterrand gagna finalement l'élection présidentielle, le Programme commun était déjà de l'histoire ancienne et le PC en perte de vitesse. La gauche avait remporté les insignes du pouvoir, mais perdu la bataille des idées.

1. Pierre Grémion, « Écrivains et intellectuels à Paris. Une esquisse », *Le Débat*, n° 103, janvier-février 1999, p. 75.

*

Les incertitudes de la fin des années soixante-dix avaient en effet accouché d'un front « antitotalitaire » qui allait dominer la vie intellectuelle pendant vingt ans. Le sage russe et les nouveaux philosophes n'étaient que les hérauts de forces bien plus puissantes et durables mises en branle ces années-là. En 1977, Raymond Aron (qui venait d'entrer à *L'Express* afin d'intervenir plus activement dans la politique) préparait une nouvelle revue, *Commentaire*, pour défendre la Vᵉ République contre ce qui paraissait être la menace mortelle d'un régime socialo-communiste arrivant au pouvoir avec un programme quasiment révolutionnaire. Le temps que paraisse le premier numéro, à la veille des élections de mars 1978, la « divine surprise » de la rupture entre le PCF et le PS s'était produite. Il y avait malgré tout, comme Aron l'expliquait dans son remarquable essai introductif « Incertitudes françaises », de bonnes raisons de rester méfiant et vigilant. Tout ce qui, au XIXᵉ siècle, avait rendu la France si instable et si prompte aux soulèvements – manque d'un principe de légitimité universellement accepté, acceptation par la paysannerie de tout régime ne touchant pas aux réformes agraires de 1789, rôle de poudrière de Paris –, tout cela avait pu effectivement disparaître avec l'industrialisation et la prospérité dans la France démocratique de Pompidou et de Giscard. Mais la profondeur et la longueur prévisible de la crise économique qui s'était ouverte au début des années soixante-dix, avec la récession mondiale, restaient sous-estimées en France tandis que, même avec l'heureuse division récente de la gauche, le socialisme français n'avait pas encore renoncé à toutes ses tentations maximalistes. Si le PS devait continuer à rechercher l'appui des électeurs du PC et faire participer des communistes au gouvernement, Aron prévoyait que la France connaîtrait «des années de troubles peut-être révolutionnaires, peut-être despotiques[1]».

Commentaire devint rapidement le porte-parole de la droite libérale, se distinguant non seulement par son poids intellectuel, mais aussi par sa couverture internationale, cela grâce en partie à ses liens étroits, facilités par le *chef de cabinet* de Raymond Barre, avec de hauts fonctionnaires, des hommes d'affaires ainsi qu'avec le monde universitaire. *Commentaire* n'occupa pas le devant de la scène seul bien longtemps. Deux ans plus tard, le journal était rejoint dans le centre libéral et bientôt dépassé par un confrère. *Le Débat*, lancé dans une formule plus séduisante par Pierre Nora sous les auspices de Gallimard, ambitionnait bien davantage. Le premier numéro s'ouvrit sur un programme de réforme intellectuelle. Par le passé, la culture française, forte de ses traditions humanistes, avait été dominée par un idéal de rhétorique qui allait du rôle joué par l'*instituteur* au culte du grand écrivain, et elle avait permis toutes sortes d'extravagances idéologiques. Mais, aujourd'hui, la légitimité de l'intellectuel reposait avant tout sur un savoir positif, validé par des institutions compétentes – essentiellement l'université. Si cette évolution n'avait pu faire disparaître les tensions antagonistes inhérentes à la vie intellectuelle, elle plaçait les intellectuels face à un nouvel *agenda*: ils devaient non seulement promouvoir la démocratie dans

1. «Incertitudes françaises», *Commentaire*, n° 1, 1978, p. 15.

le grand public, mais aussi la mettre en pratique dans le domaine de la pensée elle-même, à l'instar d'une «république *dans* les lettres». Le but de la nouvelle revue serait donc d'organiser ce qui était encore une rareté en France : un débat authentique. Le terrain avait déjà été déblayé par la disparition des trois grands schémas d'interprétation historique qui avaient été en vigueur depuis le XVIIIe siècle. Les idéologies de la restauration, du progrès et de la révolution étaient maintenant mortes et enterrées, et la route enfin ouverte aux modernes sciences sociales. *Le Débat* se proposait de s'en tenir à la devise : «information, qualité, pluralisme, ouverture, vérité» et de s'élever contre toutes les formes d'irresponsabilité et d'extrémisme[1].

En posant la question éternelle en France «Que peuvent les intellectuels?», le manifeste inaugural du *Débat* n'abordait pas directement la politique, sinon pour indiquer que c'était aux États-Unis et non en France qu'on trouvait une «démocratie complète». Lorsque Mitterrand accéda à la présidence un an plus tard, Nora eut une réaction prudente, soulignant le caractère personnel de cette victoire. Bien que peu suspect de sympathie pour le totalitarisme, cet ancien allié des communistes allait-il tirer toutes les conséquences du «grand changement de mentalité qui s'était opéré dans les quatre dernières années avec le renversement de l'image de l'Union soviétique» et adopter la politique qui convenait pour faire front au principal ennemi[2]?

1. «Que peuvent les intellectuels?», *Le Débat*, n° 1, mai 1980, p. 3-19 ; «Continuons le Débat», n° 21, septembre 1982, p. 3-10.
2. «Au milieu du gué», *Le Débat*, n° 14, juin-juillet 1981, p. 3-6.

Ces inquiétudes étaient partagées par *Esprit*, revue qui avait été jadis l'organe d'une gauche catholique, neutraliste et anticolonialiste mais qui, après le départ en 1976 de son rédacteur en chef depuis la fin de la guerre, Jean-Marie Domenach, s'était portée en première ligne dans le combat contre le totalitarisme. Au cours de ces années-là, comme Nora l'observa par la suite, *Commentaire*, *Le Débat* et *Esprit* ont constitué un axe commun de ce que l'on aurait appelé ailleurs un libéralisme de Guerre froide, chaque revue conservant néanmoins son style et son public.

Des trois, *Le Débat* fut la création majeure. Non seulement en tant qu'organe de la maison Gallimard, c'est-à-dire avec des ressources largement supérieures à celles de quelque rival que ce soit, mais parce qu'il représentait une authentique modernisation du style et des thèmes dans la vie intellectuelle française. Extrêmement bien conçue – Nora en confia par la suite la marche quotidienne à Marcel Gauchet, transfuge de l'aile *Socialisme ou Barbarie* de l'extrême gauche –, la revue se consacra à l'exploration d'une façon généralement mesurée de trois domaines principaux : l'histoire, la politique et la société, avec de nombreux numéros ou dossiers spéciaux consacrés à un large ensemble de sujets contemporains : les sciences biologiques, les arts visuels, la sécurité sociale, le patrimoine, le postmodernisme, etc. Si son horizon était moins international qu'elle ne se l'était proposé à sa création, la revue tomba rarement dans le provincialisme. Elle ne fut jamais ce forum impartial pour des débats objectifs que son manifeste initial avait suggéré, ce qui l'aurait certainement rendue bien moins intéressante. Elle fut, au contraire, une *machine de guerre* d'une grande urbanité.

Derrière son projet politique se tenait un personnage éminent : l'historien François Furet, le beau-frère de Pierre Nora, dont l'ouvrage *Penser la révolution française*, publié au moment de la croisée des chemins politiques de 1978, avait fait de lui, sur-le-champ, l'exégète le plus influent de la Révolution française. Issu comme Nora d'une riche famille de banquiers, Furet avait été formé dans le Parti communiste d'après-guerre, au plus fort de la Guerre froide, à l'époque où il comprenait, à l'instar de son homologue britannique, un groupe de futurs historiens – dont Emmanuel Le Roy Ladurie, Maurice Agulhon, Jacques Ozouf. En France aussi bien qu'en Grande-Bretagne d'ailleurs, ce furent le XXe Congrès du Parti communiste à Moscou et le soulèvement en Hongrie qui firent éclater cette pépinière de talents. Furet quitta le Parti en 1956 et, tout en poursuivant des travaux historiques d'abord de manière assez conventionnelle, il devint un collaborateur régulier de *France-Observateur*, hebdomadaire indépendant de gauche qui était le principal organe d'opposition à la guerre en Algérie et au règne de De Gaulle sur la Ve République. Il fut le coauteur en 1965, avec un autre de ses beaux-frères, d'une histoire illustrée de la Révolution française destinée au grand public ; il y défendait l'idée que la Révolution avait « dérapé » par une série d'accidents tragiques au cours de 1792, détruisant l'ordre libéral qu'elle visait initialement à établir et faisant ainsi le lit d'une dictature jacobine et de la Terreur [1].

---

1. François Furet et Denis Richet, *La Révolution*, Paris, Hachette-Réalités, 1965-1966, 2 vol.

Treize ans plus tard, *Penser la révolution française* contenait une charge bien plus puissante : elle était, invoquant Soljenitsyne et la conjoncture politique du moment, une attaque en règle du catéchisme des interprétations marxistes de la Révolution. Furet s'appuyait, au contraire, sur deux penseurs catholiques et conservateurs – Tocqueville au milieu du XIXᵉ siècle et Cochin au début du XXᵉ – comme lui offrant la clef pour une authentique compréhension du « cœur conceptuel » de la Révolution : non pas les relations des classes sociales entre elles, mais la dynamique d'un discours politique qui substituait aux abstractions du pouvoir royal celles de la volonté populaire et, ce faisant, engendrait la force terrifiante du nouveau mode de sociabilité à l'œuvre dans les clubs révolutionnaires de l'époque. Présenté avec une grande verve polémique, ce verdict conduisait, assez logiquement, à une prise de distance marquée avec l'école des *Annales* et sa notion de *mentalités*, considérée comme une facilité : « Elle n'existe bien souvent que comme un substitut à la française du marxisme et de la psychanalyse » et, comme telle, incapable de rendre compte du soulèvement de 1789 et de ce qui s'en était suivi. « Dans l'espace relativement vaste où oscille aujourd'hui la discipline, mes préférences [...] vont à une histoire intellectualiste, qui construise explicitement ses données à partir de questions conceptuellement élaborées[1]. »

L'application majeure de ce credo fut une grande histoire politique de la France de Turgot à Gambetta, publiée par Furet en 1988, et conçue comme la mise en œuvre sur un

---

1 *L'Atelier de l'histoire*, Paris, Flammarion, 1982, p. 24, 25, 29.

siècle de la dialectique explosive des principes libérés par l'attaque contre l'Ancien Régime[1]. Alors que Furet estimait dans des écrits antérieurs que la Révolution s'était terminée avec le coup d'État de Napoléon en 1798, désormais, il en prolongeait la durée sous la IIIe République jusqu'à l'éclipse finale en 1879 de toute véritable force monarchiste. Selon lui, ce n'est qu'à cette date que la république et la nation se réconcilièrent enfin et que se réalisèrent, avec l'instauration d'un régime parlementaire stable, les objectifs originaux de 1789. Un tel chemin tourmenté entre point de départ et arrivée, *via* les secousses de 1815, 1830, 1848, 1851 et 1871, traduisait les tensions et les contradictions de la première expérience historique dans la création d'une démocratie.

Le moteur de l'histoire, telle que Furet la concevait, est essentiellement le jeu des idées. L'homme n'était cependant pas un historien intellectuel au sens que Pocock ou Skinner ont donné à cette expression. Bien que capable de commentaires pénétrants sur les penseurs pouvant l'intéresser, on ne trouve guère dans son œuvre d'analyses détaillées de corpus de textes, et encore moins d'attention prêtée aux formes discursives, comme cela se fait à Cambridge. Les idées y sont plutôt traitées comme des forces stylisées, chacune s'incarnant dans des individus autour desquels est tissé le récit de conflits politiques majeurs. Furet était également fasciné par les cérémonials en tant que symbolisation publique des idées, et *La France révolutionnaire 1770-1880* est émaillée de la description de

1. *La Révolution. De Turgot à Jules Ferry 1770-1880*, Paris, Hachette, 1988.

grands morceaux, tels le sacre de Napoléon ou les funérailles de Thiers. À l'autre pôle de son imaginaire, il y avait les personnalités ; et là, il a démontré un talent remarquable de portraitiste plein de mordant. À partir de ces trois éléments, idées-rituels-personnes, il a donné de la création de la France moderne une histoire incisive et élégante qui, largement débarrassée de ses dimensions socio-économiques et vierge de ses aventures impérialistes, aboutissait à une conclusion fortement centrée sur la politique contemporaine. Furet ne fut pas un grand historien du calibre de Marc Bloch ou de Fernand Braudel, mais, bien plus qu'eux, il représenta une force exceptionnelle dans la vie publique française.

Car ses travaux historiques n'étaient qu'un élément dans une entreprise plus vaste. Aucun historien contemporain n'a été aussi intensément politique. On constate une unité pratiquement sans faille entre son travail sur le passé et ses interventions dans le présent, où il s'est montré un organisateur institutionnel et idéologique hors pair. Il devait ce rôle à sa personnalité, faite à la fois de réserve et de panache. Il y avait (comme l'a observé un collègue étranger) quelque chose de Jean Gabin dans son charme taciturne. Dès 1964, il orchestrait la fusion d'un *France-Observateur* sur le déclin avec une écurie plus droitière de journalistes venus de *L'Express*, choisissant le rédacteur en chef qu'il fallait pour assurer que le périodique qui allait sortir de cette fusion eût la bonne orientation politique. Vingt-cinq ans plus tard, Jean Daniel, qui préside encore aux destinées du *Nouvel Observateur* – depuis quarante ans, l'organe infaillible des convenances du centre gauche –, s'en rappelait en ces termes : « Je n'oublie pas non plus ce pacte que nous avons passé à cette époque [...] ; le choix [...] en faveur de ses thèses controversées sur la Révolution et de ses positions sur le marxisme ; la surprise, enfin, qui se peignit sur son visage de trouver en moi un complice déjà si prévenu à son profit et si déterminé. Je veux déjà évoquer la dette que j'ai contractée, envers lui comme envers sa famille de pensée, pour la véritable sécurité intellectuelle qu'ils m'ont prodiguée[1]. » À cette désarmante confession de l'un des journalistes les plus puissants du pays, Daniel ajoute même, en toute innocence, qu'ils s'étaient tous retrouvés « courant derrière Augustin Cochin » sans s'en rendre compte parce que Furet les « poussait dans le dos » – aveu que plus d'un ténor de l'*establishment* parisien aurait pu reprendre par la suite. Le réseau de contacts et de débiteurs de Furet était devenu tel que la presse finit par le désigner par ce simple mot : la galaxie.

Si *Le Nouvel Observateur* donna à Furet une position centrale dans les médias, son contrôle de l'EHESS, qu'il contribua à créer à partir de l'ancienne *Sixième Section* de Braudel et dont il devint le président en 1977, le plaça à la tête de l'institution la plus stratégique du monde universitaire. Elle rassemblait dans le bâtiment du boulevard Raspail, dû au mécénat de la Fondation Rockefeller, une élite de chercheurs débarrassés du fardeau de l'enseignement et des tâches administratives qui sont le lot de l'université française – c'était « comme aller au cinéma sans payer de billet »,

---

1. « Journaliste et historien », *Commentaire*, n° 84, hiver 1998-1999, p. 917-921.

plaisantait-il même. Les lancements de *Commentaire* et du *Débat*, dans lesquels il joua d'emblée un rôle actif, lui fournirent des postes d'observation dans le monde des revues. Puis, après l'arrivée au pouvoir de François Mitterrand, il participa à la création de la Fondation Saint-Simon, alliance d'intellectuels du sérail et d'industriels constituée pour faire barrage à toute tentation socialiste du nouveau régime et pour le guider vers une conception plus moderne du marché et de l'État. Financée par les grandes entreprises – le patron de Saint-Gobain fut l'un de ses pères spirituels avec Furet, qui obtint un siège au conseil d'administration de l'une des sociétés de la multinationale –, la fondation fonctionnait comme un *think tank* politique, tissant des liens entre universitaires, hauts fonctionnaires et hommes politiques, organisant des séminaires, publiant des rapports, et, tout aussi important, organisant chaque mois des dîners avec Schmidt, Barre, Giscard, Chirac, Rocard, Fabius et autres hommes politiques de ces mêmes bords, durant lesquels on partageait des idées communes devant des plats qui, eux, sans doute, ne l'étaient pas.

Deux ans plus tard, Furet mit en place – ou plutôt on le lui offrit – l'Institut Raymond-Aron comme un avant-poste de la réflexion antitotalitaire, dont il devint le président et qui, le moment venu, fut intégré dans l'organigramme de l'EHESS elle-même. Puis, en 1985, il étendit son rayon d'action jusqu'en Amérique, prenant un poste à mi-temps dans le Committee of Social Thought de l'université de Chicago, où il obtint le soutien financier de la Fondation Olin pour poursuivre des recherches sur les révolutions américaine et française. Le bicentenaire de 1789 se profilait à l'horizon et Furet craignait qu'il ne fût une occasion pour le gouvernement de Mitterrand, dans lequel siégeaient encore des ministres communistes, d'organiser la consécration officielle des mythologies du jacobinisme et de l'an II de la République. Avec l'aide de sa collègue Mona Ozouf, il se mit au travail pour faire en sorte que cela ne se produisît pas.

À la veille d'une année potentiellement incertaine, on vit paraître un énorme *Dictionnaire critique de la Révolution française* – 1 200 pages – qui couvrait les «événements», les «acteurs», les «institutions» et les «idées». Sa centaine d'entrées, rédigées par une vingtaine de collaborateurs soigneusement choisis, offrait une ample réfutation des légendes de gauche et des méprises traditionnelles qui entouraient l'épisode fondateur de la démocratie moderne[1]. Le formidable impact qu'eut cette somme d'érudition modérée, admirablement conçue et exécutée, suffit à dissoudre le spectre de festivités néo-jacobines en 1989. La chute du communisme à l'Est offrit davantage : la justification décisive de l'impulsion originale de la Révolution, contre les perversions qui s'en étaient suivies. Quand le Bicentenaire arriva, Furet se retrouva sans conteste le maître des cérémonies intellectuel, alors que la France rendait hommage aux principes inspirateurs de 1789 – dûment précisés – et qu'elle tournait enfin le dos aux atrocités de 1793-1794[2].

En finir avec les mauvais côtés de son passé pour se réap-

---

1. On trouvera la meilleure analyse critique de ce dictionnaire dans Isser Woloch, «On the Latent Illiberalism of the French Revolution», *American Historical Review*, décembre 1990, p. 1452 *sq.*

2. Pour une évocation pleine de vie du rôle joué par Furet en 1989, voir Steven Kaplan, *Adieu 89*, Paris, Fayard, 1993.

proprier les bons était indispensable à l'arrivée du pays à bon port – celui de la démocratie moderne. Parallèlement au *Dictionnaire critique*, Furet fut le coauteur, la même année et pour le compte de la Fondation Saint-Simon, de *La République du centre*, ouvrage sous-titré «La fin de l'exception française». Après les nationalisations absurdes de la première partie du septennat, le régime de Mitterrand avait réglé son compte au socialisme et adopté en 1983 l'économie de marché et sa discipline financière, puis enterré l'anticléricalisme en s'inclinant devant les manifestations en faveur des écoles catholiques en 1984. Ce faisant, il avait finalement transformé le pays en une société démocratique normale, purgée de ses doctrines radicales et de ses conflits spectaculaires. La France avait désormais trouvé son équilibre dans la sobriété du centre[1]. Le triomphe libéral paraissait si complet qu'en 1990, pour le dixième anniversaire de sa revue, Pierre Nora, se réjouissant que la nation ait été enfin débarrassée de «la chape de plomb du gaullo-communisme», pouvait annoncer avec une satisfaction toute hégélienne que l'esprit du *Débat* était devenu «l'esprit de l'époque»[2].

1. «La France unie», dans François Furet, Jacques Julliard et Pierre Rosanvallon, *La République du centre. La fin de l'exception française*, Paris, Hachette, 1988, p. 13-66.
2. Voir «Dix ans de Débat», *Le Débat*, n° 60, mai-août 1990, p. 3-11.

II

Au début des années quatre-vingt-dix, on assista en Grande-Bretagne à la fin du régime mis en place par Mme Thatcher, et au passage à un régime néo-libéral moins strident sous le gouvernement atone du Premier ministre John Major. C'est le contraire qui se produisit en France. Le consensus sur la primauté du marché atteignit son maximum dans les premières années de la seconde présidence Mitterrand. La victoire du mouvement d'opinion représenté par François Furet et ses amis était évidente. La France était enfin délivrée de ses tentations totalitaires. Le spectre de la Révolution avait été enterré. La République était solidement ancrée au centre. Restait un ultime héritage du passé à purger totalement de ses ambiguïtés : la Nation. Cette tâche revint à Pierre Nora. Dans l'éditorial qu'il écrivit en 1990 pour le dixième anniversaire du *Débat*, Nora avait salué le « nouveau paysage culturel » du pays ; deux ans plus tard, il mettait un point final à sa propre contribution monumentale à ce renouveau. *Les Lieux de mémoire* qui avaient été conçus dans un séminaire donné à l'EHESS en 1978-1981 – c'est-à-dire dans les années mêmes qui avaient vu la naissance du *Débat* – commencèrent à paraître en 1984. Le temps que la dernière section paraisse en 1992, l'entreprise avait atteint sept volumes, lourds de 5 600 pages ; elle avait mobilisé six fois plus de collaborateurs que le *Dictionnaire critique de la Révolution française*, qu'elle avait choisis de façon plus œcuménique. L'objectif de Nora, selon ce qu'il déclara lui-même en présentant son projet, était de dresser l'inventaire de tous les domaines de la mémoire dans lesquels on pouvait penser que l'identité française s'était symboliquement cristallisée.

Ce vaste programme donna lieu à cent vingt-sept essais, la plupart de qualité, recouvrant un étonnant pot-pourri de sujets, depuis les plus évidents – les trois couleurs, *La Marseillaise* et le Panthéon –, jusqu'à la conversation, l'âge industriel et les lignages médiévaux, en passant par la forêt, la génération et l'entreprise, sans oublier, bien sûr, la gastronomie, le vin et Descartes. Ce qui unissait ces thèmes, Nora l'expliquait ainsi : « À la différence de tous les objets de l'histoire, les lieux de mémoire n'ont pas de référents dans la réalité. Ou plutôt ils sont à eux-mêmes leur propre référent, signes qui ne renvoient qu'à soi, signes à l'état pur[1]. » Il ne faut pas prendre trop au sérieux cette fioriture postmoderne. Car ce à quoi ces signes référaient était, selon les volumes, la république, la nation ou simplement la francité en général. Mais alors que ces signes étaient eux-mêmes symboliques, l'étude que *Les Lieux de mémoire* en offraient serait une histoire de France au « second degré » – une histoire qui ne s'intéresserait ni aux causes, ni aux actions, ni

---

1. « Entre mémoire et histoire », *Les Lieux de mémoire*, I, *La République*, Paris, Gallimard, 1984, p. XLI.

aux événements, mais plutôt aux effets produits et aux traces laissées.

Cette histoire n'était pas moins ambitieuse que d'autres par le passé. Les *Annales* avaient proposé une histoire totale, en réaction à l'étroitesse de l'histoire politique traditionnelle. Mais les symboles unissant des faits matériels et culturels, et l'ultime vérité de la politique pouvant fort bien se trouver dans sa dimension symbolique, l'étude des lieux de mémoire faisait passer la politique dans le registre d'une histoire paradoxalement plus totalisante que l'histoire des *Annales* qu'elle était susceptible de remplacer[1]. Ce qui avait rendu cela possible, c'était l'abandon des visions de l'avenir comme horizon de contrôle dans l'interprétation du passé, et leur remplacement par un soutien consensuel aux institutions du présent. Alors que les Français n'avaient désormais plus envie de mourir pour la patrie, ils étaient unanimes à découvrir «leur intérêt et leur affection» pour la France saisie dans l'immense variété de ses multiples expressions. C'était, précisait Pierre Nora, «comme si la France cessait d'être une histoire qui nous divise pour devenir une culture qui nous rassemble, une propriété dont on relève le titre indivis comme un bien de famille[2].» Le fait d'échapper aux formes traditionnelles du nationalisme – comme ce couple regrettable, le gaullisme et le jacobinisme –, loin d'affaiblir le sentiment d'appartenance nationale, l'avait renforcé ; les

---

1. «Présentation», *Les Lieux de mémoire*, II, *La Nation*, 1, Paris, Gallimard, 1986, p. XIX-XXI.

2. «Comment écrire l'histoire de France?», *Les Lieux de mémoire*, III, *Les France*, 1, Paris, Gallimard, 1992, p. 28-29.

Français communiaient désormais dans le réconfort d'une mémoire partagée[1].

Les Lieux de mémoire connurent un énorme succès tant auprès de la critique que du public, et ils devinrent un modèle plus d'une fois imité à l'étranger. Il fut, cependant, toujours évident que l'ouvrage incarnait l'un des programmes les plus ouvertement idéologiques de l'historiographie mondiale d'après-guerre. Renan, rappelons-le, avait défini une nation tout autant par ce qu'elle devait oublier – les massacres des Albigeois au XIIIe siècle et des protestants au XVIe siècle étaient les exemples qu'il donnait – que par ce qu'elle devait se rappeler : avertissement, pouvait-on penser, qu'il était devenu encore plus difficile d'ignorer un siècle plus tard. Cela n'empêcha pas Nora de présenter son entreprise sur un mode allègre : « Le choix des sujets, même s'il a été passablement médité, en fonction de la typologie nécessaire, de l'état scientifique de la question, de la disponibilité des compétences pour la traiter, comporte une part d'arbitraire. Acceptons-la. Cette complaisance à nos imaginaires de prédilection comporte, indéniablement, un risque de régression intellectuelle et de retour au gallo-centrisme que toute l'historiographie contemporaine a fait l'heureux effort de dépasser. Il faut le savoir, il faut y prendre garde. Mais pour l'heure, oublions-le. Et, à cette poignée d'essais, que d'autres bientôt vont suivre par brassées, souhaitons, pour leur fraîcheur et pour leur

---

1. Les réserves de Nora à l'égard du gaullisme étaient consistantes. L'une de ses contributions les plus intéressantes aux *Lieux de mémoire* lie gaullisme et communisme, chacun à sa manière véhiculant une puissante illusion.

joyeuseté, de trouver d'abord une lecture innocente[1]. »

La conséquence de ces protocoles *ad hoc* a été, comme plusieurs historiens anglophones l'ont fait remarquer[2], de réprimer les souvenirs non seulement des divisions sociales, mais même, dans une large mesure, de symboles du passé politique auxquels il est pourtant difficile d'échapper, telles les constructions qui, partout dans Paris, rappellent Napoléon et son neveu – personnages dont on peut supposer qu'ils n'étaient plus d'actualité dans « la France moderne décentralisée » réconciliée au sein de l'Europe « pacifiée et plurielle » que Nora célébrait. Plus largement, toute l'histoire impériale du pays, des conquêtes napoléoniennes à l'immense butin fait en Afrique sous la IIIᵉ République, en passant par le pillage de l'Algérie sous la monarchie de Juillet et la mainmise sur l'Indochine pendant le second Empire, se trouva faire l'objet d'un *non-lieu* au tribunal de ces souvenirs à l'eau de rose. Dans leur jeunesse, Nora et Furet avaient tous deux courageusement critiqué la guerre d'Algérie[3]. Le temps d'en venir à embaumer la nation, trente ans plus tard, l'un et l'autre avaient éliminé pratiquement toute référence à ces aventures extérieures dans leurs

1. *Les Lieux de mémoire*, I, *op. cit.*, p. XIII.

2. Voir, entre autres, Steven Englund, « The Ghost of Nation Past », *Journal of Modern History*, juin 1992, p. 299-320, et David Bell, « Paris Blues », *The New Republic*, 1ᵉʳ septembre 1997, p. 32-36.

3. Voir Pierre Nora, *Les Français d'Algérie*, Paris, Gallimard, 1961 ; et, pour un bref aperçu, François Furet, *Un itinéraire intellectuel. L'historien-journaliste, de « France Observateur » au « Nouvel Observateur » (1985-1997)*, Paris, Calmann-Lévy, 1999, p. 60-64, sélection de textes faite par Mona Ozouf qui ne s'étend pas sur ces premières années.

écrits historiques. À lire l'histoire du XIXe siècle, telle que l'écrit François Furet, c'est à peine si l'on soupçonne que la France se taillait alors un empire colonial, et à peu près rien ne permet de deviner que l'un de ses plus grands héros, Jules Ferry, a été le Cecil Rhodes de la IIIe République. Les sept volumes de Nora réduisent toutes ces initiatives fatidiques à des babioles exotiques qui auraient pu être présentées à l'Exposition universelle de 1931. Que valent des *Lieux de mémoire* qui oublient d'inclure Diên Biên Phû?

En mettant un point final à son projet huit ans plus tard, Nora releva les critiques qui lui avaient été adressées et il chercha à les détourner en se plaignant que, bien que conçus comme une «contre-commémoration», les sept volumes avaient été intégrés dans un héritage culturel complaisant dont il avait toujours vu les vices, mais qui resterait prégnant tant que la France n'aurait pas trouvé une nouvelle place plus assurée dans le monde[1]. Cet ingénieux sophisme ne pouvait dissimuler, après coup, que l'entreprise des *Lieux de mémoire* était de bout en bout élégiaque – l'antithèse de tout ce que Roland Barthes, également fasciné par les icônes mais plus soucieux d'en élaborer une théorie critique, avait proposé. Dans *Mythologies*, il avait déconstruit les emblèmes de la *francité* – néologisme que Nora en vint à emprunter en le vidant de son âme – avec une ironie mordante qui tranche sur *Les Lieux de mémoire*, somme d'apaisement patriotique qui parut assortie d'expressions de reconnaissance envers le ministère de la

---

1. «L'ère de la commémoration», *Les Lieux de mémoire*, III, 3, *op. cit.*, p. 977-1012.

Culture et de la Communication[1]. Nul doute, l'objectif sous-jacent du projet, dont l'ouvrage ne se départit jamais, était la création d'une *union sucrée* dans laquelle les divisions et les discordes de la société française se fondraient dans les rituels attendris de la remémoration postmoderne.

*

Les limites intellectuelles d'une entreprise sont une chose ; son efficacité politique en est une autre. Le sacre du libéralisme comme paradigme totalisant de la vie publique française est ce qui décrit le mieux le programme dont Furet et Nora furent les chefs d'orchestre ces années-là. À cet effet, ils puisèrent dans le legs laissé par les grands penseurs libéraux français du début du XIXe siècle, notamment Constant, Guizot et Tocqueville, dont les œuvres attendaient d'être redécouvertes pour être mises activement à contribution dans le cadre contemporain[2]. Ce ne fut pas la tâche la moins importante du front antitotalitaire de l'époque, et il en résulta un impeccable travail d'érudition qui servit à la construction d'une généalogie parfaitement légitime. Néanmoins, il y avait un contraste ironique entre les ancêtres et leurs descendants. Sous la Restauration et la

---

1. *Mythologies*, Paris, Seuil, 1957, p. 222 *sq.* ; il est significatif que l'exemple utilisé par Barthes pour analyser la nature du mythe soit une icône de la francité impériale tirée de *Paris Match*, exactement ce que *Les Lieux de mémoire* cherchaient à oublier.

2. Un exemple parlant est l'ouvrage de Pierre Manent, *Histoire intellectuelle du libéralisme. Dix leçons*, Paris, Hachette, 1987, qui se termine sur ce trio. Il est caractéristique d'une bonne part de cette discussion française qu'aucune mention ne soit accordée à John Stuart Mill.

monarchie de Juillet, la France a bien plus contribué à l'élaboration théorique de la pensée politique libérale que la Grande-Bretagne, sans parler des États-Unis à la même période. Mais, en tant que force politique, le libéralisme y fut incomparablement plus faible. Les vicissitudes de ses meilleurs représentants – ils pensèrent avec noblesse et agirent avec indignité – traduisent ce décalage : Constant, retournant sa veste sous les Cent-Jours, et Tocqueville, bourreau de la République romaine, deux champions de la liberté qui se firent complices des tyrannies des deux Napoléon ; Guizot, le théoricien éloquent de la diversité européenne qui fut, dans son pays, l'artisan impassible de l'exclusion et de la répression avant d'être contraint à l'exil devant la réprobation générale. Le discrédit qui a entaché les carrières de ces hommes fut l'une des raisons de l'oubli relatif dans lequel leurs écrits sombrèrent après leur mort. Mais, même de leur vivant, ces penseurs ne firent pas rêver leurs contemporains. Le libéralisme classique français eut une floraison fragile, poussa dans un sol ingrat. Un siècle et demi plus tard, la situation avait bien changé. La réhabilitation générale des thèmes et des attitudes de matrice libérale qui commença au milieu des années soixante-dix n'a pas produit de penseur politique comparable même à Raymond Aron. Mais elle compensa plus que largement son manque d'idées originales par sa capacité d'organisation. L'expression « la pensée unique » inventée vingt ans plus tard – un de ces raccourcis qui portent une part d'exagération – est ici un assez juste indicateur de sa domination universelle.

La conjoncture internationale constitua, bien entendu,

un environnement extrêmement favorable à ce changement de cap : l'ascendant mondial pris par le néo-libéralisme anglo-américain offrait une formidable toile de fond à la scène française. Aucun autre pays occidental, cependant, n'a connu de victoire intellectuelle aussi décisive. Il s'est agi d'un succès national, fruit d'une campagne organisée, conduite avec habileté et détermination, pendant deux décennies, par Furet, Nora et leurs alliés. Elle combina la conquête interne des institutions et la construction idéologique en une seule et même entreprise, visant à définir les leçons que l'on pouvait accepter du passé et les bornes que l'on devait fixer au présent. Ici, comme nulle part ailleurs, histoire et politique se sont combinées en une vision cohérente de la nation, projetée sur tout l'espace public. À cet égard, le Groupe des historiens du Parti communiste en Grande-Bretagne, bien que ses membres, tout aussi actifs politiquement, se fussent montrés beaucoup plus innovants en matière d'histoire, ont été des amateurs à côté de leurs contemporains français. Rarement a-t-on vu illustration aussi éclatante de ce que Gramsci entendit par hégémonie. Le penseur italien aurait été fasciné par tous les coins et recoins explorés dans *Les Lieux de mémoire*, jusqu'aux noms de rue – un sujet qui lui était cher – et aux notaires de province. Il aurait admiré l'énergie et l'imagination avec lesquelles le legs des jacobins, ses héros, fut liquidé – haut fait d'une « révolution passive » plus efficace que ces restaurations du XIXe siècle autour desquelles il avait bâti une grande partie de sa théorie dans les *Cahiers de prison*. Comme pour lui donner la réplique, Furet acheva sa carrière en prononçant l'oraison funèbre du communisme, alors que le règne du capital était rétabli en Russie, fermant ainsi la «parenthèse socialiste» du siècle.

Le Passé d'une illusion[1], qui flirte avec les idées d'Ernst Nolte dans le lien qu'il établit entre bolchevisme et nazisme (des thèmes qui ne lui étaient pas jusqu'ici familiers), est une croûte si on le compare aux autres ouvrages de Furet. Paru en 1995, il rabâche tant de thèmes datant de la Guerre froide et dépassés depuis longtemps, que de beaux esprits ont pu remarquer qu'il était l'équivalent intellectuel d'une demande de remboursement des emprunts russes[2]. Ce qui n'affecta nullement son succès en France. Présenté comme un chef-d'œuvre par les médias, il devint aussitôt un best-seller marquant l'apogée de la gloire de Furet. Avec la mise en place d'une clef de voûte aussi sensationnelle, l'arc de triomphe antitotalitaire semblait achevé.

Neuf mois plus tard, la France était secouée par la plus grande vague de grèves et de manifestations qu'elle eût connue depuis 1968. Le gouvernement Juppé, en voulant faire passer une restructuration de la sécurité sociale d'inspiration néo-libérale, avait provoqué une telle colère populaire qu'une bonne partie du pays s'en trouva paralysée. La crise politique qui s'ensuivit dura six semaines et divisa la classe intellectuelle en deux camps. Pratiquement toute la coalition antitotalitaire, Furet en tête, soutint le plan Juppé, considéré comme une initiative plus que nécessaire pour moderniser un système de protection sociale archaïque et

---

1. Paris, Robert Laffont et Calmann-Lévy, 1995.
2. Denis Berger et Henri Maler, *Une certaine idée du communisme*, Paris, Éditions du Félin, 1996, p. 187.

vicié. Contre ce projet, se dressa pour la première fois de façon organisée un front rassemblant des positions différentes. Conduit par Bourdieu entre autres, il prit parti pour les grévistes contre le gouvernement.

Sur un plan politique, l'affrontement entre Matignon et la rue se termina par la défaite totale du gouvernement. Juppé se vit contraint de retirer ses réformes. Chirac se débarrassa de Juppé. Les électeurs sanctionnèrent Chirac en donnant la majorité à Jospin. Sur le plan intellectuel, le climat ne fut plus jamais le même. Quelques jours plus tard, Furet mourait alors que, dans sa maison de campagne, il disputait une partie de tennis avec Luc Ferry. Il venait à peine d'être élu à l'Académie française, mais il n'avait pas encore eu le temps de revêtir l'habit vert, d'empoigner son épée et d'être reçu parmi les Immortels.

Bien avant sa mort, toutefois, il avait commencé à exprimer des doutes. Certes, gaullisme et communisme étaient, à toutes fins pratiques, bel et bien morts. Le Parti socialiste avait abandonné sa politique absurde de nationalisations, et l'intelligentsia renoncé à ses illusions marxistes. La République du centre, la République qu'il souhaitait, était bien advenue. Mais l'architecte politique de cette transformation, celui dont le règne avait coïncidé avec les victoires idéologiques du libéralisme modéré et qui en avait en partie dépendu, s'appelait François Mitterrand. Furet le jugeait sévèrement. Il avait le génie des moyens, mais manquait d'un dessein. Il avait détruit le PCF et obligé le PS à accepter la logique de l'entreprise et du marché. Mais, violant l'esprit de la Constitution, il avait installé un simulacre de cour royale à l'Élysée, et présidé un régime dont «l'électro-

encéphalogramme intellectuel [était] absolument plat».
Enfin, il ne s'était assurément pas montré à la hauteur de
l'occasion planétaire qui s'était présentée lorsque le communisme soviétique s'était effondré[1]. Il était impossible de
ressentir la moindre sympathie pour une présidence aussi
cynique et aussi dénuée d'idées. Barre ou Rocard, que la
Fondation Saint-Simon admirait, auraient mieux valu.

Derrière cette désaffection, il y avait cependant un doute
plus profond sur l'orientation que prenait la vie publique
en France. Dès la fin des années quatre-vingt, Furet avait
commencé à exprimer des réserves sur le discours des droits
de l'homme, dont la place devenait de plus en plus grande
en France comme ailleurs. L'idéologie des droits de l'homme,
toute libérale qu'elle parût – n'avait-elle pas été le plat de
résistance du banquet idéologique du Bicentenaire? –, ne
constituait pas une politique. Succédané contemporain de
ce qui avait été autrefois les idéaux du socialisme, elle sapait
la cohérence de la nation en tant qu'être collectif, et elle
aboutissait à des exigences intrinsèquement contradictoires:
droit à l'égalité et droit à la différence proclamés dans un
même souffle. Ses adorateurs auraient été bien inspirés de
relire ce que Marx avait écrit sur le sujet[2]. Le culte des
droits de l'homme comblait chaque jour plus le fossé qui
séparait la vie politique des deux côtés de l'Atlantique.

Une meilleure connaissance des réalités américaines, loin
d'atténuer ces inquiétudes, ne fit que les attiser. Furet

---

1. «Chronique d'une décomposition», *Le Débat*, n° 83, janvier-février
1995, p. 84-97.
2. *La République du centre, op. cit.*, p. 58-62.

demeura le champion convaincu des États-Unis, la grande puissance qui avait toujours été le bastion du monde libre. Mais depuis son poste d'observation de Chicago, il trouvait gênantes, voire troublantes, bien des choses dont l'Amérique de Clinton lui offrait le spectacle. L'intégration raciale paradoxalement avait désagrégé les vieilles communautés noires et laissé proliférer des ghettos d'une extrême misère, sans guère d'équivalents en Europe. L'égalité sexuelle progressait aux États-Unis (comme elle le faisait en Europe, mais heureusement sans les mêmes absurdités) et elle allait changer les sociétés démocratiques. Elle ne transformerait cependant pas leur nature ni ne produirait d'homme nouveau – ou de femme nouvelle. Le politiquement correct se réduisait à des singeries universitaires de la lutte des classes. Grevé des excès d'un féminisme carriériste, il laissait de nombreuses facultés dans un état que seuls Aristophane ou Molière auraient pu décrire. Le multiculturalisme, trop souvent combiné avec ce qui aurait dû être son contraire, la juridification de tous les problèmes, se traduisait inévitablement par une sorte de relativisme mou. Dans le désert d'idées politiques qui en vint à caractériser une autre présidence astucieuse et fade, la variante libérale d'utopie qu'il représentait se diffusa largement[1].

Les ultimes réflexions que Furet nous a laissées sont encore plus sombres. Son dernier texte, achevé juste avant sa mort soudaine, analysait l'état général de la France après les élections provoquées par Chirac, qui avaient donné au PS une

---

1. «L'Utopie démocratique à l'américaine», *Le Débat*, n° 69, mars-avril 1992, p. 80-91 ; «L'Amérique de Clinton II», *Le Débat*, n° 94, mars-avril 1997, p. 3-10.

majorité inattendue au Parlement. Il voyait dans la dissolution une gaffe monumentale de la part d'un politicien dont il avait autrefois pensé qu'il gouvernait bien. Mais Jospin n'avait rien de bien différent à proposer par rapport à Juppé. Droite et gauche évitaient l'une comme l'autre la confrontation directe avec les véritables problèmes du pays, à savoir : la construction de l'Europe, l'immigration, la persistance du chômage qui ne pouvait être réduit par des coupes claires dans les dépenses sociales. Sous Mitterrand, la vie publique française était devenue un «spectacle déprimant», joué au milieu de la décomposition générale des partis comme des idées. Mensonges et impostures étaient la norme politique, les électeurs exigeant des doses toujours plus fortes de démagogie sans pour autant y croire, dans un pays qui s'entêtait à «ignorer les lois» de la fin du siècle[1].

Quelles étaient donc ces lois ? Historiquement, la gauche avait essayé de séparer capitalisme et démocratie, mais ils constituaient une seule et même histoire. La démocratie avait triomphé depuis 1989, et le capitalisme avec elle. Cette victoire se teintait à présent d'un certain malaise, car elle s'accompagnait d'un désinvestissement de plus en plus grand des citoyens dans la vie publique. Il était impossible de ne pas en éprouver une certaine mélancolie. Depuis la chute du communisme, l'absence de tout autre modèle idéal de société privait la politique de passion sans pour autant que l'on crût davantage à la justice du *statu quo*. Plus prévalait le capitalisme, devenu seul horizon de l'humanité, plus il était détesté. «C'est une condition trop austère et

---

1. «L'énigme française», *Le Débat*, septembre-octobre 1997, p. 43-49.

trop contraire à l'esprit des sociétés modernes pour qu'elle puisse durer», concluait Furet. Il se trouvait finalement dans les mêmes dispositions d'esprit que Tocqueville, lucide et résigné à voir se produire ce à quoi il avait résisté. Encore faudrait-il, sans doute, «un jour dépasser l'horizon du capitalisme, aller au-delà de l'univers où il existe des riches et des pauvres». Car aussi difficile qu'il soit de concevoir un autre modèle de société que la nôtre aujourd'hui, «la démocratie fabrique par sa seule existence le besoin d'un monde postérieur à la bourgeoisie et au Capital[1]».

Ainsi la fin d'une illusion avait elle-même été la source d'une déception. Le capitalisme réel, quelle qu'eût été sa victoire dans la Guerre froide, n'avait rien d'exaltant. Il était compréhensible que les rêves utopiques d'une vie sans lui ne se fussent pas complètement évanouis. Dans son dernier essai historique, Furet alla même jusqu'à oublier ses propres convictions et à parler de la «bourgeoisie révolutionnaire» qui avait fait sortir la France de l'Ancien Régime, presque comme s'il trouvait maintenant du mérite au catéchisme qu'il avait si longtemps dénoncé[2]. Deux siècles plus tard, le dénouement qu'il avait appelé de ses vœux s'était produit, mais il ne lui laissa dans les mains que des scories dorées. Tel, un Midas libéral, il ne lui restait plus qu'à contempler, ébahi, ce qu'il avait souhaité.

*

1. *Le Passé d'une illusion, op. cit.*, p. 572.
2. «L'idée française de la Révolution», *Le Débat*, n° 96, septembre-octobre 1997, p. 28-29.

Si le désarroi de Furet s'alimentait à deux sources, le capitalisme et l'état de son propre pays, ce fut la seconde qui, après sa disparition, dispersa sa mouvance. Il avait toujours existé, dans le nouveau libéralisme français, une tension entre une loyauté politique envers les États-Unis et un attachement affectif à la France. Son projet se fondait sur une union idéale entre les principes des républiques sœurs des Lumières. Mais, *E pluribus unum* et *une et indivisible* sont des devises qui sont en guerre ouverte. Pour les libéraux, qu'est-ce qui comptait le plus? Une atomisation individualiste sans frontière logique, faisant éclater la nation en mille microcultures rivales dont l'unification ne pouvait que devenir de plus en plus formelle et fragile? Ou bien une identité collective ancrée dans un système d'obligations communes et d'institutions rigoureuses, maintenant la cohésion du pays d'une poigne résolue au prix d'une plus ou moins grande contrainte?

C'est sur ce dilemme que le front antitotalitaire se rompit. La première escarmouche eut lieu au début des années quatre-vingt, lorsque Bernard-Henri Lévy annonça qu'il avait existé, tout au long du XXe siècle, une «idéologie française», allant de la gauche à la droite, qui avait saturé la nation d'antisémitisme et de cryptofascisme. C'en était trop pour *Le Débat* qui mit en pièces les bévues et les énormités de BHL; deux articles cinglants, l'un dû à Le Roy Ladurie, l'autre à Nora, réduisirent à néant cette tentative de discréditer la République au nom de la question juive[1]. Une nou-

---

1. Emmanuel Le Roy Ladurie, «En lisant *L'Idéologie française*», et Pierre Nora, «Un idéologue bien de chez nous», *Le Débat*, n° 13, juin 1981,

velle occasion d'en découdre fut, comme il était prévisible, la question musulmane, avec la première affaire du foulard à la fin des années quatre-vingt. Les jeunes filles pouvaient-elles porter un foulard à l'école sans attenter aux principes de l'éducation laïque pour tous instaurée par la IIIe République ? La fracture, cette fois, fut plus sérieuse, opposant les partisans d'un multiculturalisme tolérant à l'américaine aux tenants des normes républicaines classiques d'une nation citoyenne.

Finalement, les ressentiments que ces questions exacerbaient éclatèrent au grand jour. En 2002, Daniel Lindenberg, historien proche d'*Esprit*, tira une violente bordée contre l'intégrisme autoritaire, l'hostilité aux droits de l'homme et le mépris du multiculturalisme dont faisaient preuve tant de ceux qui avaient lutté à ses côtés pour imposer un libéralisme à la française – notamment, les têtes pensantes du *Débat* et de *Commentaire*. Voilà qui évoquait un nouveau *rappel à l'ordre*, cet éternel slogan de la réaction. Le pamphlet de Lindenberg avait beau être un travail mal digéré qui mettait différentes cibles dans un même panier, il n'en reçut pas moins un accueil chaleureux dans *Le Monde* et dans *Libération*. De plus, il fut publié dans une collection dirigée par un collègue de Furet, Pierre Rosanvallon, autre architecte de la Fondation Saint-Simon et coauteur de *La République du centre*, qui venait d'être récemment

---

p. 97-103. Un an auparavant, Nora avait écrit que Bernard-Henri Lévy, « récusé par ses pairs, mais sur qui 100 000 acheteurs projettent un authentique désir de savoir, dispose d'une légitimité issue d'un type de suffrages que l'on peut discuter, mais que l'on n'a pas le droit de refuser », *Le Débat*, n° 1, p. 9.

nommé (non sans faire sourciller) au Collège de France. Ce fut le signal d'une quasi-guerre civile dans le camp libéral, et l'on assista à ce grand classique parisien, des échanges de lettres ouvertes et de manifestes, Gauchet – collègue de Nora au *Débat* – et ses amis rendant les coups depuis *L'Express* et les journaux qui leur étaient proches. La désintégration du front de la fin des années soixante-dix était achevée[1].

Déjà s'était produit un changement bien plus profond dans sa position. Les réserves de Furet devant les résultats de la modernisation n'étaient qu'un murmure au regard des grondements plus menaçants qui montaient des profondeurs du pays. Le néo-libéralisme *à la française* n'avait pas pris dans les masses. Depuis 1983, l'année où Mitterrand effectua un virage décisif en adoptant la logique des marchés financiers, l'électorat a immanquablement sanctionné les gouvernements qui tentaient de lui faire avaler cette médecine. Les choses se sont toujours déroulées de la même façon. Sous une présidence de gauche, Laurent Fabius – le premier Premier ministre socialiste à saluer la « nouvelle culture de l'entreprise » – fut évincé en 1986; Jacques Chirac, qui lança la première vague de privatisations pour la droite, subit le même sort en 1988; Pierre Bérégovoy, pilier socialiste du *franc fort*, fut remercié en 1992; Édouard Balladur,

1. Daniel Lindenberg, *Le Rappel à l'ordre. Enquête sur les nouveaux réactionnaires*, Paris, Seuil, 2002; et *contra*, Alain Finkielkraut, Marcel Gauchet, Pierre Manent, Philippe Muray, Pierre-André Taguieff, Shmuel Trigano, Paul Yonnet, « Manifeste pour une pensée libre », *L'Express*, 28 novembre 2002. Pour un commentaire ironique de la dispute, voir Serge Halimi, « Un débat intellectuel en trompe-l'œil », *Le Monde diplomatique*, janvier 2003, p. 3.

qui personnifia la modération orléaniste dans la quête de la liberté économique, perdit les élections de 1995. Sous une présidence de droite, Alain Juppé – le plus audacieux de ces technocrates, celui qui attaqua le plus directement les prestations sociales – vit son action paralysée par les grèves avant de présenter sa démission en 1997 ; Lionel Jospin qui, se félicitant de ses cinq années de gouvernement – il privatisa plus que tous ses prédécesseurs réunis –, crut qu'il avait conjuré le charme, connut la déroute aux élections de 2002. Aujourd'hui Jean-Pierre Raffarin, au bout de deux années où il a tout fait pour reprendre le chantier laissé en l'état par Alain Juppé, a déjà perdu le contrôle de toutes les régions sauf l'Alsace, et jamais Premier ministre, dans l'histoire de la Ve République, n'a plongé aussi bas dans les sondages. En vingt ans, cela fait sept gouvernements ayant duré une moyenne de moins de trois ans chacun. Tous se vouèrent, à quelques différences mineures près, à la même politique. Aucun n'a été réélu.

Nul autre pays occidental n'a connu un tel niveau de désaffection vis-à-vis de sa classe politique. Cela est dû en partie à la structure constitutionnelle de la Ve République, dont la présidence aux pouvoirs quasi régaliens, avec sa mandature de sept ans (ramenée aujourd'hui à cinq), encourage tout en les neutralisant les manifestations régulières de mauvaise humeur de l'électorat, dans un cadre politique général qui n'est par ailleurs que trop stable. Là où la IVe République combinait instabilité gouvernementale et rigidité des blocs électoraux, la Ve a inversé le schéma – des politiques apparemment immuables vont désormais de pair avec des électeurs congénitalement volatiles[1]. On ne peut réduire cette volatilité du corps électoral à un dérivé de la surprotection institutionnelle. Elle traduit, de façon de plus en plus évidente au fil du temps, le refus de croire aux panacées de la réforme néolibérale que tous les gouvernements, qu'ils fussent de gauche ou de droite, ont invariablement proposées aux citoyens.

On n'en était d'ailleurs pas resté à de la théorie. En vingt ans, la libéralisation avait changé le visage de la France. Elle avait touché d'abord et surtout les marchés financiers. La valeur en capital du marché des actions tripla par rapport au PNB. Le nombre des actionnaires dans la population fut multiplié par quatre. Les deux tiers des plus grandes sociétés françaises sont aujourd'hui entièrement ou partiellement privatisés. Les investissements étrangers dans les sociétés françaises sont passés de 10 % au milieu des années quatre-vingt à près de 44 % aujourd'hui, pourcentage bien supérieur à celui qui se rencontre même outre-Manche[2]. Les conséquences à long terme de ces transformations n'ont pas fini de se faire sentir. Si elles n'ont pas encore été accompagnées d'une trop grande dégradation des systèmes de protection sociale, cela tient davantage à la prudence des dirigeants du pays qu'à leurs convictions : conscients du risque de provoquer la colère de l'électorat, ils sont prêts à concéder des douceurs comme les trente-cinq heures contre

---

1. C'est René Rémond, aucunement un critique des conséquences du libéralisme, qui fait cette constatation : « Instabilité législative, continuité politique », *Le Débat*, n° 110, mai-août 2000, p. 198-201.
2. Nicolas Véron, « Les heureuses mutations de la France financière », *Commentaire*, n° 104, hiver 2003-2004, propose un bilan agréablement satisfait de ces changements.

des priorités comme les privatisations. Jugée à l'aune anglo-américaine, la France est un pays surréglementé et chouchouté, ce que *The Economist* et le *Financial Times* n'oublient jamais de rappeler à leurs lecteurs. À l'aune française, en revanche, le pays a déjà accompli de grands pas vers un modèle international plus acceptable.

De tels progrès n'ont cependant rien fait pour atténuer la méfiance et l'aversion de la population à l'égard des idées anglo-saxonnes en matière économique. Les années quatre-vingt-dix ont vu le succès d'ouvrages s'en prenant à l'avènement d'un capitalisme débridé, et les best-sellers se sont succédé : *La Misère du monde* (1993) où Pierre Bourdieu procède à une attaque en règle des conséquences sociales du libéralisme ; *L'Horreur économique* (1996), pamphlet passionné de l'écrivaine Viviane Forrester ; ou *L'Illusion économique* (1998) de la girouette Emmanuel Todd, une attaque sans merci du laisser-faire de la part d'un intellectuel jadis ardent défenseur du monde libre. Vers le milieu de ces années-là, le dégoût croissant suscité par les doctrines néo-libérales était tellement évident dans l'opinion publique que Chirac lui-même, en course pour les élections de 1995, fit de la dénonciation de la *pensée unique* et de la fracture sociale qu'elle avait créée, le leitmotiv de sa campagne. Et lorsque – comme ses prédécesseurs – il reprit cette même pensée unique une fois devenu président, le résultat fut, presque du jour au lendemain, la secousse sociale qui fit tomber Juppé. Observant les dégâts, un chroniqueur du *Débat* arrivait à cette sombre conclusion : « La greffe libérale n'a pas pris[1]. »

1. Pierre Grémion, *Le Débat*, n° 103, janvier-février 1999, p. 99.

Mais, dans ce divorce entre options politiques officielles et sentiments populaires, joua aussi un autre élément, lui plus social que politique. Depuis de Gaulle, les dirigeants de la Ve République sont devenus une caste de gouvernement, la plus hermétique qui soit dans le monde occidental. La concentration de pouvoir au sein d'une minuscule institution qui produit une élite tout à la fois politique, administrative et économique, n'a probablement pas son équivalent ailleurs dans le monde. Dans un pays de soixante millions d'habitants, l'ENA n'admet que cent à cent vingt étudiants par an, soit un total de cinq mille énarques depuis sa fondation. Et non seulement cette élite monopolise les échelons supérieurs de l'administration aussi bien que du monde des affaires, mais elle fournit le noyau dur de la classe politique elle-même. Giscard, Fabius, Chirac, Rocard, Balladur, Juppé, Jospin sont tous *énarques*, comme l'étaient onze ministres sur dix-sept dans le dernier gouvernement socialiste ; l'est aussi François Hollande, le prétendant à la succession de Jospin à gauche, sans parler du dauphin de Chirac à droite, Dominique de Villepin, ancien ministre des Affaires étrangères et actuel ministre de l'Intérieur.

La consanguinité de cette oligarchie a inévitablement engendré une forte corruption. D'une part, la pratique du *pantouflage* – les hauts fonctionnaires glissant de l'administration au monde des affaires ou de la politique et *vice versa* – multiplie les occasions de détourner des fonds publics ou privés vers des objectifs partisans. De l'autre, les principaux partis politiques, qui ne peuvent compter sur une masse suffisante d'adhérents, n'ont longtemps financé leurs opérations qu'à coups de péculats et de trafics de faveurs. D'où le bourbier de magouilles qui a été révélé (sans aucun doute partiellement) ces dernières années, à commencer par le système mis en place du temps de Chirac à la mairie de Paris.

Mais, à ce jour, les juges, en dépit des preuves accablantes qu'ils ont rassemblées, n'ont pu envoyer aucun homme politique important derrière les barreaux. Chirac s'est assuré l'immunité grâce à un Conseil constitutionnel à sa botte ; le procès de Roland Dumas, le ministre des Affaires étrangères de Mitterrand, lui-même ancien membre dudit Conseil, s'est terminé par un acquittement ; quant à Dominique Strauss-Kahn, il s'en est tiré par un non-lieu. Rares sont les citoyens français qui doutent que ces personnages – et bien d'autres – n'ont pas transgressé la loi pour en tirer un avantage politique ou un profit personnel, à l'instar de Giscard avec les fameux diamants. Mais étant donné que la droite et la gauche sont autant impliquées l'une que l'autre et qu'elles serrent les rangs dès que l'un de leurs représentants est mis en cause, la vénalité de la classe politique se trouve *ipso facto* à l'abri de toute sanction. Par ailleurs, le courant moralisateur n'a guère de force en France, et l'indignation contre la corruption s'y fait bien moins entendre qu'en Italie. Non pas que les citoyens y soient indifférents. De fait, il en est résulté une désaffection croissante à l'égard de l'élite qui gère le pays et un mépris toujours plus grand pour la caste qui, à tour de rôle, se partage les postes.

*

L'un des symptômes de ce désenchantement a été l'abstention électorale qui a atteint des taux bien supérieurs à la moyenne européenne, même si la Grande-Bretagne sous le New Labour a récemment battu tous les records en la matière. Un autre, tristement célèbre, est plus typiquement français. Depuis le milieu des années quatre-vingt, le Front national a attiré au moins 10 % de l'électorat, voire près de 15 % lors de la dernière élection présidentielle, à la fin de la décennie. Alors, le pourcentage des voix qui allèrent à un parti ouvertement xénophobe, organisé par des vétérans de l'extrême droite, mit la France à part dans le concert européen. Volontiers considéré comme fasciste, le FN apparut comme une souillure nationale et une menace potentielle pour la démocratie française. Comment expliquer une telle rechute ? En fait, les raisons initiales qui ont conditionné le succès du FN étaient parfaitement compréhensibles, liées qu'elles étaient à une situation spécifique à la France. Aucune autre société européenne n'avait accueilli, venant de son ancien empire colonial, une communauté de *rapatriés* aussi importante, avec un million de *pieds-noirs* chassés du Maghreb, en proie aux amertumes de l'exil. Aucune autre société européenne, non plus, n'avait accueilli un flot aussi large d'immigrants venus de ces mêmes pays qu'elle avait autrefois colonisés, avec deux millions et demi de Maghrébins. Il y avait là une combinaison qui avait tout pour être politiquement délétère.

Le FN pouvait aussi compter, au-delà de sa base d'origine dans la communauté pied-noire, sur des groupuscules de nostalgiques de Vichy, à commencer par les électeurs de Tixier-Vignancour des années cinquante (un capital en voie d'épuisement) ou les fidèles du mouvement intégriste de Mgr Lefebvre. Toutefois, les véritables raisons de son décollage sont autres. La percée électorale de Le Pen eut lieu en 1984, un an après que Mitterrand eut brusquement renoncé à la vision sociale du Programme commun et adopté l'orthodoxie monétariste. Le tournant néo-libéral de 1983 ne conduisit pas le Parti communiste, qui avait décroché quatre postes sans importance au sein du gouvernement, à rompre avec celui-ci. Au lieu de cela – et comme il le fit de nouveau sous Jospin –, il s'agrippa aux miettes qu'on lui laissait sans se soucier du coût politique de cette stratégie et encore moins de considérations de principe. Sa récompense pour avoir ajouté aux folies de la Troisième Internationale celles du Front populaire – d'abord, en 1977-1978, un sectarisme aveugle, puis un opportunisme servile – fut son autodestruction, son électorat ouvrier l'abandonnant peu à peu. Le FN s'engouffra dans la faille créée par le resserrement de l'éventail politique qui s'ensuivit, en récupérant de plus en plus d'électeurs mécontents dans les banlieues prolétariennes qui se dégradaient, ainsi que dans les petites villes. Pour beaucoup, le système de la *pensée unique* n'avait laissé que cette possibilité au goût bien âcre.

L'arrogance et la fermeture de la classe politique firent le reste. En excluant le Front national de la représentation nationale par le refus de toute dose de proportionnelle et en faisant en sorte que les affaires de corruption ne soient pas tirées au clair, l'*establishment* ne fit que confirmer ce que dénonçait Le Pen : une conspiration des privilèges qu'il fustigeait en jouant d'une rhétorique flamboyante dans laquelle il n'avait point de rivaux. Plus la gauche et la droite s'unissaient pour traiter le FN en paria, plus il incarnait le rejet du système. Un racisme virulent à l'encontre des immigrants arabes et un antisémitisme plus assourdi prirent place dans son répertoire à côté d'un populisme systématique et tapageur. Les deux sources de tension qui firent éclater l'hégémonie libérale, la friction entre le multiculturalisme et le républicanisme et la résistance de l'opinion aux sirènes du marché, étaient précisément le terrain sur lequel le FN pouvait s'épanouir en appuyant là où ça faisait mal.

Les limites du FN en tant que phénomène politique n'en restaient pas moins évidentes. Boycotté par la droite, après de discrètes ouvertures de Chirac, il dépendait bien trop de la personnalité de Le Pen. Il manquait de cadres professionnels et il ne put jamais se doter d'une expérience administrative, végétant, entre les élections, dans une sous-culture du ressentiment. Le style guerrier qui était le sien dans les meetings inquiétait tout autant qu'il attirait. Plus encore, sa carte maîtresse – la question de l'immigration – était par nature restrictive. Entre les deux grandes guerres, le fascisme avait séduit parce qu'il s'inscrivait dans un contexte de forte désagrégation sociale et qu'il pouvait brandir le spectre d'un mouvement ouvrier révolutionnaire. On était loin d'un tel climat, dans la bien proprette Vᵉ. L'immigration est, pour ainsi dire par définition, une question de minorités alors que la lutte des classes, elle, ne l'est pas. En conséquence, les réactions xénophobes, aussi immondes soient-elles, ont un faible pouvoir multiplicateur sur le plan politique. Aron, qui avait été autrefois le témoin de la montée du nazisme en Allemagne et qui savait donc de quoi il parlait, avait compris cela d'emblée, et il avait critiqué les surestimations alarmistes quant au péril représenté par le FN. De fait, à partir du milieu des années quatre-vingt, les résultats électoraux du parti de Le Pen oscillèrent toujours dans la même fourchette, ne descendant guère en dessous d'une moyenne nationale de 10 % et ne dépassant jamais 15 %.

En 2000, le système politique français connut son changement le plus significatif depuis l'époque de De Gaulle. Chirac et Jospin, manœuvrant l'un et l'autre en vue de l'élection présidentielle de 2002, s'entendirent pour ramener le mandat présidentiel de sept à cinq ans, Giscard se chargeant de jouer les intermédiaires. En apparence, le but de cette modification était de réduire la probabilité d'une *cohabitation*, pratique qui avait été de plus en plus fréquente depuis 1986, et ainsi de donner plus d'unité et d'efficacité au gouvernement qui avait souvent fait les frais des tensions entre le président et le Premier ministre. En réalité, cette révision de la Constitution revenait à augmenter considérablement les pouvoirs présidentiels et à personnaliser le système politique sur le modèle américain. Il était clair que si l'élection présidentielle et les législatives avaient lieu la même année dans un pays fortement centralisé comme la France, le président élu obtiendrait presque automatiquement dans la foulée de sa victoire une majorité docile à l'Assemblée – ce qui était arrivé chaque fois depuis 1958. Le résultat ne pouvait être que d'affaiblir une représentation nationale déjà bien *fainéante*, et d'accentuer un peu plus un pouvoir exécutif déjà excessif, que Furet avait qualifié de «pathologie nationale». Il y eut un référendum pour ratifier cette réduction des équilibres dans la constitution. 25 % de l'électorat seulement fit l'effort de se déranger, les quatre cinquièmes des votants approuvant un changement salué à grand renfort de fanfares par l'*establishment* politique comme un grand pas en avant accompli par la démocratie en France, mettant le pays au niveau des autres nations avancées.

Un grain de sable risquait, cependant, de tout bloquer. Le calendrier électoral existant prévoyait que les élections législatives devaient avoir lieu à la fin du mois de mars 2002, et la présidentielle en avril-mai – si bien que le déroulement prévu se trouvait inversé, et qu'il y avait le risque que le vote pour l'Assemblée déterminât celui pour la présidence et non le contraire. Jospin, convaincu d'avoir la faveur de l'électorat, fit adopter une prolongation de trois mois de la législature, ce qui, pensait-il, allait lui ouvrir le chemin de l'Élysée. Rarement manipulation constitutionnelle a sauté aussi spectaculairement dans les mains de celui qui l'avait concoctée à des fins personnelles.

Au printemps 2002, la campagne pour l'élection présidentielle mit en vedette les deux grands candidats, Chirac et Jospin, qui présentaient des programmes fort similaires dans leur rhétorique. La dispersion au premier tour des voix de la *gauche plurielle* (socialistes, communistes, verts et radicaux de gauche) entre des candidats qui se présentaient tous à titre purement symbolique, exception faite du Premier ministre, élimina Lionel Jospin : celui-ci ne recueillit qu'un humiliant 16,8 % des suffrages, ce qui permit à Le Pen, avec 195 000 voix de plus, d'être candidat au second tour contre Chirac qui, lui, avait fait le score lamentable de

19,88 %, un nadir pour tout candidat à sa propre réélection. Si les élections législatives avaient eu lieu d'abord, la coalition de Jospin les aurait certainement remportées ; l'ensemble des voix de la gauche sur lesquelles il aurait pu compter, si l'on peut se fier aux résultats d'avril, lui aurait donné 10 % de plus qu'à la droite – et, dans la foulée, il aurait pris l'Élysée.

Ce qui frappe le plus dans ce scrutin présidentiel, ce n'est cependant pas l'énorme erreur stratégique du PS ni le fait que Le Pen devançât Jospin. L'ensemble des voix de l'extrême droite n'a absolument pas augmenté, si l'on compare les chiffres à ceux de 1995[1]. Non, le trait saillant est la profondeur de l'antipathie que la population éprouvait pour toute la classe politique. Le nombre des abstentionnistes et des bulletins blancs ou nuls, soit 31 %, dépassait très largement celui des voix qu'avait recueillies n'importe lequel des candidats. Par ailleurs, 10,4 % de l'électorat avait voté pour les candidats trotskistes rivaux de l'extrême gauche, et 4,2 % pour Chasse, Pêche, Nature, Traditions. Autrement dit, près de deux électeurs français sur trois avaient rejeté le consensus rassis qu'on leur reservait.

La réaction de l'*establishment* fut unanime. Une seule chose compta, qui prit la dimension d'une apocalypse. Pour reprendre une déclaration emblématique : « Le 21 avril à vingt heures, la France mortifiée et le monde stupéfait enre-

---

1. Le Pen obtint 230 000 voix de plus qu'en 1995 et le parti dissident de son ancien lieutenant Bruno Mégret recueillit 670 000 voix, ce qui fait une augmentation totale de 900 000. Mais, en 1995, Philippe de Villiers, qui visait le même électorat, avait obtenu 1 440 000 voix ; en 2002, son Mouvement pour la France n'entra pas dans la course à la présidence.

gistrent le cataclysme : Jean-Marie Le Pen [...] devance Lionel Jospin[1]...» Tout le monde se tordait les mains de honte devant cet affront national. Articles, éditoriaux, appels pleuvaient dans les médias pour expliquer aux Français que le péril brun était à leur porte et que, tous, désormais, devaient se rassembler derrière Chirac pour sauver la République. Les jeunes descendirent dans la rue, la gauche officielle se précipita aux côtés du président, et même une bonne partie de l'extrême gauche décida que *no pasarán* était le mot d'ordre et qu'il fallait donc voter pour la droite. Chirac, redoutant d'avoir le dessous dans une joute avec Le Pen – on pouvait compter sur ce dernier pour le mettre dans l'embarras en racontant les tractations secrètes qu'il y avait eues naguère entre eux –, refusa tout débat télévisé et, sachant que le résultat était couru d'avance, n'assura lors de la campagne électorale que le service minimum.

Le second tour lui donna comme de juste une majorité de 82 %, digne d'un président mexicain à l'époque faste du PRI. Sur la rive gauche, ce pourcentage atteignit même des scores quasi albanais. En quinze jours, le ton des médias passa de l'hystérie à l'extase. L'honneur de la France avait été admirablement rétabli. Après une telle démonstration de responsabilité civique, le président pouvait désormais se mettre au travail, fort d'un nouveau dessein moral, et le pays relever la tête dans le chœur des nations. Des commentateurs autorisés déclarèrent que c'était le plus grand

---

1. Jean-Jacques Chevallier, Guy Carcassonne, Olivier Duhamel, *La Ve République 1958-2002. Histoire des institutions et des régimes politiques en France*, Paris, Armand Colin, 2002, p. 488 ; un «ouvrage de référence», selon ses éditeurs.

moment de la France depuis 1914, lorsque la nation avait serré les rangs dans une union sacrée contre un autre ennemi mortel.

En réalité, si l'on tient à faire une comparaison, l'unanimité de 2002 a été, dans son esprit, plus proche de celle de 1940 à Bordeaux, lorsque l'Assemblée nationale de la IIIe République avait voté à une majorité écrasante les pleins pouvoirs à Pétain, convaincue que c'était là une nécessité patriotique pour éviter la catastrophe. Cette fois-ci, la tragédie aurait plutôt été une farce, puisqu'il n'y avait pas la moindre trace d'un danger urgent pouvant servir de prétexte à la consécration de Chirac. Au premier tour de l'élection présidentielle, les voix de l'ensemble de la droite représentaient déjà 75 % de plus que celles du FN et de son courant dissident, soit une différence de plus de quatre millions d'électeurs. Dans le même temps, alors qu'il n'y avait pas de différences majeures entre les idées et les politiques de Chirac et Jospin, il était clair que nombre de ceux qui avaient voté pour celui-ci voteraient de toute façon pour celui-là au second tour. Le Pen n'a jamais eu la moindre chance d'accéder à la présidence. Les appels frénétiques de la gauche à se rallier derrière Chirac étaient parfaitement inutiles, et ils n'ont servi qu'à une chose, lui ouvrir la voie de la déroute aux élections législatives de juin ; là, en récompense de son propre avilissement, elle vit entrer la droite à l'Assemblée avec la majorité la plus forte de toute l'histoire de la Ve République, octroyant à Chirac un pouvoir sans partage. Une *journée des dupes* à classer dans les annales.

Ce renversement idéologique quelque peu sidérant — Jacques Chirac, symbole de futilité et de corruption n'ayant même pas la confiance d'un cinquième de l'électorat, miraculeusement métamorphosé du jour au lendemain en une icône d'autorité et de responsabilité nationales – peut être considéré comme le symptôme d'un phénomène récurrent dans la culture politique du pays. Sous la Ve République, les Français ont marqué une indifférence croissante pour les formes d'organisations collectives. Aujourd'hui, moins de 2 % de l'électorat est membre d'un parti politique, quel qu'il soit ; c'est de loin le chiffre le plus bas de l'Union européenne. Encore plus frappante est l'extraordinaire faiblesse du taux de syndicalisation. 7 % seulement des travailleurs appartiennent à un syndicat, c'est-à-dire bien moins qu'aux États-Unis où le pourcentage (en chute, il est vrai) est de 11 ; et ne parlons pas de la Suède ou de l'Allemagne où le taux de syndicalisation oscille entre les deux tiers et les quatre cinquièmes des personnes en activité. Que les partis et les syndicats aient si peu d'adhérents traduit sans aucun doute l'existence d'un individualisme profondément enraciné dans la société et la culture françaises, un trait que les Français eux-mêmes, aussi bien que les observateurs étrangers, n'ont pas manqué de relever : un individualisme, de surcroît, plus vigoureux qu'aux États-Unis, car il est moins soumis aux pressions du conformisme moral.

Toutefois, l'aversion des Français pour les formes conventionnelles d'associations civiques n'est pas nécessairement synonyme de repli sur soi. Le paradoxe de cette culture politique, au contraire, est qu'un niveau très faible d'organisation permanente se conjugue avec une tendance exceptionnelle à s'enflammer spontanément. Bien des fois, on a vu soudain, surgissant de nulle part, de formidables mobilisations populaires prendre corps. La grande révolte de mai-juin 1968, qui reste encore aujourd'hui, et de loin, la démonstration de force collective la plus vaste et la plus impressionnante qui soit dans l'histoire de l'Europe depuis 1945, en est l'exemple emblématique qu'aucun gouvernant en France n'a oublié.

À plusieurs reprises par la suite, la rue a défié et tenu en échec les gouvernements. En 1984, le gouvernement Mauroy est tombé après que ses projets concernant l'enseignement libre eurent provoqué une mobilisation massive pour la défense des écoles privées : un demi-million de manifestants se retrouvèrent à Versailles, un million envahirent Paris. En 1986, les manifestations de centaines de milliers d'étudiants et de lycéens, qui donnèrent lieu à de violents affrontements avec la police (il y eut un mort parmi les lycéens), forcèrent Chirac à retirer son projet de « modernisation » de l'enseignement supérieur. Son gouvernement ne s'en remit jamais. En 1995, les projets d'Alain Juppé visant à réorganiser le système de protection sociale et à réduire les dépenses en la matière furent accueillis par six semaines de grèves qui, touchant l'ensemble des services publics et provoquant des troubles dans tout le pays, se soldèrent par une victoire totale des protestataires. Une grande année plus tard, il n'était lui-même plus au pouvoir. En 1998, ce fut au tour des routiers, des retraités et des chômeurs de menacer le régime de Jospin. Conscients que de telles tornades sociales sont susceptibles de leur tomber dessus par temps clair, les gouvernements ont appris la prudence.

On trouve des signes de cette dualité caractéristique

– coexistence d'une atomisation civile et d'une propension populaire à s'enflammer – dans les fondements d'une bonne partie de la pensée française. Elle constitue l'un des arrière-plans de la théorisation par Jean-Paul Sartre, dans sa *Critique de la raison dialectique*, du contraste entre la dispersion des «séries» et la soudure du groupe assermenté, et de son esquisse des interversions imprévisibles entre les deux. Mais l'effet le plus caractéristique du problème que cette dualité pose a été d'engendrer une lignée de penseurs pour qui le lien social est au fond toujours créé par la foi plus que par la raison ou la volonté. Les origines de cette conception remontent à Jean-Jacques Rousseau qui, s'écartant de sa propre construction de la volonté générale – construction précisément volontariste –, affirma que seule une religion civile pourrait fonder la stabilité d'une république. Le ridicule dans lequel sombra le culte de l'Être suprême après le renversement des jacobins n'a pas pour autant discrédité cette idée qui a subi une série de métamorphoses conservatrices au cours du XIXᵉ siècle. Alexis de Tocqueville finit par être convaincu que des croyances dogmatiques étaient les fondements indispensables de tout ordre social, en particulier dans des démocraties comme l'Amérique, où la religion était beaucoup plus présente qu'en Europe. Auguste Comte assigna au positivisme la mission d'établir une religion de l'humanité qui annulerait les divisions sociales déchirant le monde issu de la révolution industrielle. Antoine Cournot, pour sa part, observa qu'aucune construction rationnelle de la souveraineté ne serait jamais possible, les systèmes politiques reposant en dernière analyse sur la foi ou la force. Émile Durkheim, à bien des égards le plus radical de tous ces penseurs, renversa les termes de l'équation en avançant sa thèse célèbre selon laquelle la religion est la société projetée dans les étoiles.

*

Ce que tous ces auteurs rejetaient était l'idée que la société pût jamais être la résultante d'un agrégat rationnel des intérêts des acteurs individuels. Le courant des Lumières qui est à l'origine de la tradition utilitariste en Angleterre n'a donné en France qu'un maigre ruisseau. Il ne s'y est jamais développé un mode d'analyse comparable de la vie politique. Benjamin Constant, dont les idées sont ce qui s'en rapproche le plus, est resté un demi-étranger, vite oublié. Au XXe siècle, la même vision sous-jacente du social a refait surface dans l'entre-deux-guerres, avec une vague coloration surréaliste, dans les théories du sacré proposées par René Caillois et Georges Bataille au Collège de sociologie. À la fin du siècle, ce courant intellectuel a connu de nouveaux avatars dans les œuvres de deux des penseurs les plus originaux de la gauche, en rupture totale avec l'orthodoxie ambiante. Au début des années quatre-vingt, Régis Debray proposait déjà une théorie de la politique fondée sur le besoin constitutif, et néanmoins sur l'incapacité, de toute collectivité humaine de se doter d'une continuité et d'une identité internes, et par conséquent sur sa dépendance d'une autorité supérieure, par définition religieuse – ici au sens large –, qui lui fût extérieure, comme une condition verticale de son intégration.

Dans cette version, présentée dans sa *Critique de la raison politique* (1981), Debray cherchait à expliquer pourquoi le nationalisme, avec son culte caractéristique de l'éternité de la nation et de l'immortalité de ses martyrs, était une force historique plus puissante que le socialisme pour lequel il avait autrefois lutté en Amérique latine. Au moment où il publia *Dieu, un itinéraire* (2001), cette théorie était devenue une étude comparative des changements intervenus, depuis quatre mille ans avant J.-C. jusqu'à nos jours, dans les écologies, les infrastructures et les orthodoxies du monothéisme occidental : la religion est une constante anthropologique de tous les temps – protéiforme dans l'histoire, mais horizon permanent de toute cohésion sociale durable. De telles spéculations ont d'autant moins porté à une réconciliation avec l'ordre établi qu'elles ont été longtemps accompagnées d'interventions politiques que la sphère médiatique parisienne a jugées scandaleuses – en particulier, ses commentaires cinglants sur l'intervention de l'OTAN en Yougoslavie, aujourd'hui encore pierre de touche de la sensibilité *bien-pensante* à Paris comme à Londres. Peut-être pour se donner l'absolution, Debray s'est depuis compromis en préparant le terrain d'une intervention franco-américaine à Haïti. Mais l'*establishment* ne saurait pour autant compter sur lui.

Alain Supiot, le juriste français le plus pénétrant qui soit aujourd'hui, constitue un cas analogue. S'inspirant des travaux de cet esprit libre qu'est le philosophe du droit, Pierre Legendre, Supiot a renouvelé l'idée selon laquelle tous les systèmes significatifs de croyances ont besoin d'un fondement dogmatique qu'il a axé, au grand dam de leurs dévots, sur les deux credos favoris de notre temps : le culte du marché libre et celui des droits de l'homme[1]. Ici aussi, la logique de l'argumentation est dans chaque cas brillamment exposée. Elle n'en demeure pas moins ambiguë : dans le même temps où elle démystifie ces deux credos, elle les normalise en les présentant comme l'ultime illustration d'une règle universelle – une nécessité au-delà de toute raison – de la coexistence humaine. On voit ici à l'œuvre une tournure d'esprit typiquement française. Que la généalogie de telles propositions soit si ouvertement nationale ne saurait pour autant les disqualifier : toute vérité générale a son origine quelque part. Mais l'aporie à laquelle elles conduisent est un archétype de la pensée française. Si des agents individuels ne s'associent pas librement pour donner forme à leur condition ou pour la modifier, quel est le *pneuma* qui pourra, du jour au lendemain, les transformer en une force collective capable d'ébranler la société jusque dans ses fondements ?

Pour les gardiens de l'ordre établi, ce sont là des réflexions nées aux petites heures de la nuit et vite dispersées par la lumière éclatante d'un matin exceptionnel dans l'histoire de la France. « Jamais le pays n'a été économiquement si puissant ni si riche », s'émerveillait encore Jean-Marie Colombani en 2000 dans les *Infortunes de la République*. « Jamais le dynamisme du pays ne l'aura mis à ce point en position de devenir la locomotive européenne de l'Union[2]. » Et

---

1. Pour plus de précisions, voir son ouvrage, *Homo Juridicus*, Paris, Seuil, 2005.
2. *Les Infortunes de la République*, Paris, Grasset, 2000, p. 165.

mieux encore : « Jamais, comme au seuil de ce vingt et unième siècle, n'a été sensible un tel "vivre heureux" en France. » Ce genre de vantardise est souvent le signe d'une nervosité sous-jacente. Une bonne partie du livre qui se termine sur cette péroraison est consacrée à mettre en garde contre les dommages que les critiques d'un Debray ou d'un Bourdieu causaient à la saine compréhension que les Français ont d'eux-mêmes. En fait, le directeur du *Monde* aurait pu regarder devant sa porte. Le reflux de la vague libérale en France avait laissé quelques objets dérangeants sur la plage.

*

Parmi eux, il aurait vu un mensuel qui connaît un succès notable et qui porte le nom même du quotidien dont il est l'antithèse, *Le Monde diplomatique*, qui a autant en commun avec le journal de Colombani qu'à l'autre bout du spectre la *Komsomolskaya Pravda* d'aujourd'hui avec l'original. Sous la direction d'Ignacio Ramonet et de Bernard Cassen, il a pilonné toutes les maximes du répertoire néo-libéral et néo-impérialiste en offrant une analyse critique de la politique mondiale qui contraste vivement avec la vue de plus en plus myope du *Monde*. Avec un lectorat de 250 000 personnes en France, *Le Monde diplo* est devenu une institution internationale forte de plus de vingt éditions imprimées dans d'autres langues à l'étranger, de l'Italie à l'Amérique latine, du monde arabe à la Corée, et de vingt éditions électroniques, y compris en russe, en japonais et en chinois. Soit en tout un million et demi de lecteurs. Aucune autre voix de la France n'a aujourd'hui une telle audience dans le monde.

Qui plus est, le journal ne s'est pas contenté d'être un contrepoison à la sagesse régnante, il a aussi joué un rôle organisateur. À la suite de la crise financière asiatique de 1997, il mit en place ATTAC, qui possède aujourd'hui des antennes partout dans la Communauté européenne ; cette «association pour l'éducation populaire» a pour vocation de stimuler le débat et de présenter des propositions qui ne sourient guère au FMI ni à la Commission européenne. Pour tout périodique, se donner une mission organisatrice a un prix – notamment une aversion à choquer ses lecteurs, un travers dont le *Monde diplo* n'a pas été exempt. Toutefois son rôle d'animateur a été remarquable. En 2001, *Le Monde diplomatique* et ATTAC ont contribué à la création du Forum social mondial à Porto Alegre, lançant le mouvement «altermondialiste» qui depuis est devenu le principal organe de rassemblement de tous ceux qui, sous toutes les latitudes, protestent contre l'ordre existant. C'est là, sur cette scène transnationale inédite, que la France a retrouvé quelque chose de sa place historique comme pays d'avant-garde de la gauche, fournissant, hors de ses frontières, une source d'inspiration aux idées et aux forces radicales.

On trouve aussi, dans *la gauche de la gauche*, mouvement qui a émergé au cours des dix dernières années, un même ensemble d'effets croisés, nationaux et mondiaux. José Bové, l'homme à la moustache gauloise, en est l'un des symboles. Qui pourrait mieux représenter l'archétype du Français, sinon ce producteur de lait de brebis du Larzac, ennemi juré de General Motors et de McDo ? Et pourtant, si l'altermondialisation compte des héros internationaux, cet éleveur charismatique, qui a fondé la Confédération paysanne et s'affaire du Massif central jusqu'à la Palestine en passant par le Rio Grande do Sul, est bien du nombre. On relèvera que les médias français s'en sont accommodés tant qu'ils ont pu le traiter comme un phénomène folklorique. Mais dès l'instant où il a eu la témérité de critiquer Israël, tout a changé. Du jour au lendemain, il est devenu une *bête noire*, un démagogue sans aveu donnant de la France une mauvaise image à l'étranger.

Le rôle joué par Pierre Bourdieu dans ces années-là est à replacer dans la même constellation. Fils d'un postier du Béarn rural, son itinéraire présente de nombreux traits communs avec celui de Raymond Williams, fils d'un cheminot des marches du Pays de Galles, qui d'ailleurs était conscient de cette parenté. Tous deux issus des classes modestes et ayant fait leur chemin jusqu'au sommet de l'élite universitaire, ils éprouvaient un même sentiment aigu d'aliénation à se retrouver dans les mondes insouciants des cumulards ou de *la high table* – sentiment qui les rendit plus radicaux une fois qu'ils eurent acquis une solide réputation. Leur ressemblance va jusqu'aux remarques que leur écriture a suscitées – une pesanteur laborieuse et répétitive, selon des critiques rendus plus acerbes par leur hostilité politique. Pour l'un comme pour l'autre, l'expérience centrale qui détermina toute leur œuvre fut celle des inégalités. Dans le cas de Bourdieu, les plus belles pages d'*Esquisse pour une auto-analyse* qu'il écrivit peu avant sa mort sont ses souvenirs du monde violent et rude qu'il avait connu interne au lycée de Pau[1].

---

1. *Esquisse pour une auto-analyse*, Paris, Raisons d'agir, 2004, p. 117-127.

Après être entré en sociologie en Algérie – il est frappant de constater combien de grands intellectuels français (Braudel, Camus, Althusser, Derrida, Nora) ont été marqués, d'une manière ou d'une autre, par les années qu'ils ont passées dans ce pays –, il poursuivit ses travaux dans deux voies différentes : l'étude des mécanismes d'inégalité dans l'éducation, d'une part, la stratification de la culture, de l'autre. Ce furent là, avec *Homo academicus*, *La Distinction*, *Les Règles de l'art*, les travaux qui le rendirent célèbre. Mais, au cours des dix dernières années de sa vie, effaré des conséquences qu'avait, pour les pauvres et les sans-défense, la politique des gouvernements qui s'étaient succédé en France, il s'intéressa au sort des perdants, ainsi qu'aux systèmes idéologique et politique qui les maintenaient dans leur malheur. On peut d'ailleurs lire *La Misère du monde*, qui parut deux ans avant l'explosion sociale de la fin de 1995, comme un documentaire anticipé. Lorsqu'elle se produisit, Bourdieu prit la tête du mouvement de mobilisation intellectuelle qui soutint les grévistes contre le gouvernement et ses chiens de garde dans les médias et l'université. Il ne tarda pas à se retrouver à l'avant-garde des combats sur l'immigration illégale et pour la défense des sans-papiers, devenant le porte-parole le plus autorisé de l'opinion protestataire en France. *Raisons d'agir*, la guérilla intellectuelle qu'il organisa pour harceler la pensée dominante, se spécialisa en attaques latérales contre la presse et la télévision : *Les Nouveaux Chiens de garde* de Serge Halimi et *Sur la télévision* de Pierre Bourdieu lui-même comptent parmi ses premières grenades. Bourdieu prévoyait, au moment de sa mort, d'organiser des états généraux des

mouvements sociaux en Europe. Son ami Jacques Bouve-
resse, un penseur séduisant mais d'une tout autre nature
– le représentant majeur de la philosophie semi-analytique
en France –, lui rendit peut-être le meilleur hommage qui
fût, non seulement en écrivant sur lui de belles choses, mais
encore en contribuant à un projet commun, livrant dans
Schmock (2001) des réflexions mordantes sur Karl Kraus et
le journalisme moderne.

Dans le monde des sciences sociales, l'intransigeance de
Pierre Bourdieu était un refus de se soumettre. Une sensibilité similaire ressort du meilleur cinéma français de ces dernières années : des films comme *L'Emploi du temps* de Laurent
Cantet ou *La Vie rêvée des anges* d'Éric Zoncka (lui-même
sociologue) montrent les dégâts et les cruautés engendrés
par le *vivre-heureux* de Colombani. C'est aussi en France
qu'a eu lieu la tentative peut-être la plus ambitieuse à ce
jour pour saisir dans leur ensemble les mutations du capitalisme de la fin du XXe siècle avec un ouvrage, *Le Nouvel
Esprit du capitalisme*[1], dont le titre est un rappel volontaire
du classique de Max Weber. Ses auteurs, Luc Boltanski et
Ève Chiapello, lient sociologie industrielle, économie politique et enquête philosophique dans une vaste analyse de la
manière dont les relations entre le capital et le travail ont
été reconfigurées pour absorber la révolution culturelle des
années soixante, et pour engendrer de nouvelles dyna-
miques de profit, d'exploitation et d'émancipation de tous
les résidus de l'éthique qui avait tant préoccupé Max
Weber. Cette synthèse critique n'a pour le moment aucun

1. Paris, Gallimard, 1999.

équivalent en langue anglaise. Toutefois (et ce n'est pas sans rapport avec l'œuvre de Bourdieu), elle révèle une étrange asymétrie dans la culture française des dernières décennies. Car bien que son objet théorique soit général, toutes ses données empiriques et pratiquement toutes ses références intellectuelles sont nationales. Ce phénomène de repli sur soi n'est pas propre à la sociologie. L'involution de la tradition des *Annales*, après Bloch et Braudel, en offre une autre illustration saisissante. Alors que les historiens britanniques des trente ou quarante dernières années se sont distingués par la diversité géographique de leurs travaux – au point que, dans ceux-ci, il n'est guère de pays d'Europe, voire du reste du monde[1], qui ne compte une contribution ayant radicalement modifié la lecture de son propre passé –, les historiens français contemporains les plus connus – Ariès, Goubert, Agulhon, Furet, Le Roy Ladurie, Roche, Chartier, et la liste pourrait être indéfiniment allongée – se sont presque exclusivement concentrés sur leur propre pays. L'époque d'Halévy est bien révolue.

Plus généralement, si l'on se penche sur les sciences sociales, sur la pensée politique ou même, à certains égards, sur la philosophie en France, on a l'impression que, pendant des années, elles se sont largement fermées aux productions intellectuelles des autres pays. On pourrait multiplier les exemples du retard qui en est résulté : en France,

---

1. Pour n'en choisir qu'un exemple (il y en a parfois plusieurs) par cas : Elliot pour l'Espagne ; Mack Smith pour l'Italie ; Boxer pour le Portugal ; Carsten pour l'Allemagne ; Israel pour les Pays-Bas ; Roberts pour la Suède ; Davies pour la Pologne ; Macartney pour la Hongrie ; Needham pour la Chine ; Lynch pour l'Amérique latine.

on n'a découvert que tardivement et incomplètement la philosophie analytique ou le néo-contractualisme anglo-saxons, l'École de Francfort ou la tradition gramscienne, la stylistique allemande ou la Nouvelle Critique américaine, la sociologie historique britannique ou les sciences politiques italiennes. Un pays qui n'a pratiquement rien publié de Fredric Jameson ou de Peter Wollen et n'a même pas pu trouver un éditeur pour traduire *Ages of Extremes** d'Eric Hobsbawm risque de faire figure d'arrière-garde dans l'échange international des idées.

*

C'est tout le contraire si on se tourne vers les lettres et les arts. La littérature française elle-même a perdu une partie de son standing. Mais la manière dont la France a accueilli la littérature du reste du monde est absolument unique. Ici, la culture française s'est montrée exceptionnellement ouverte et a fait preuve de marques d'intérêt pour les productions étrangères dont on chercherait vainement l'équivalent dans les autres grands pays occidentaux. Un simple coup d'œil dans la moindre bonne librairie parisienne permet de saisir la différence. Les traductions françaises d'œuvres de fiction ou de poésie des pays d'Asie, du Moyen-Orient, d'Afrique, d'Amérique latine et d'Europe de l'Est, abondent à un degré inimaginable à Londres, New York, Rome ou Berlin.

---

* *L'Âge des extrêmes* a bien été traduit en français, mais par un éditeur belge – les Éditions Complexe à Bruxelles – avec le soutien du *Monde diplomatique* (1999). *[NdT]*

Cette différence a des conséquences structurelles. La grande majorité des écrivains n'appartenant pas au monde occidental qui se sont acquis une certaine réputation internationale sont passés pour cela par le médium du français, et non de l'anglais : de Borgès, Mishima, Gombrowicz à Carpentier, Mahfouz, Krleza, Cortazar et jusqu'à Gao Xinjiang, le récent prix Nobel chinois de littérature.

Le système de relations qui a engendré cette procédure de consécration *via* la France est l'objet du beau livre de Pascale Casanova, *La République mondiale des lettres*, autre exemple d'une synthèse imaginative à forte connotation critique, parue ces dernières années. Les limites nationales des travaux de Bourdieu ont été résolument franchies dans ce travail qui reprend ses concepts de capital symbolique et de champ culturel pour construire un modèle des inégalités entre les différentes littératures nationales dans le monde, et pour saisir toute la gamme des stratégies que les écrivains appartenant aux aires linguistiques situées à la périphérie du système de légitimation ont utilisées pour essayer de se faire une place au centre. Jamais entreprise de ce genre n'avait été tentée auparavant. Le champ géographique embrassé par Pascale Casanova, de Madagascar à la Roumanie, du Brésil à la Suisse, de la Croatie à l'Algérie, la clarté et la précision de la carte des relations inégales qu'elle propose, et, surtout, la générosité avec laquelle les ruses et les dilemmes des « marginaux » sont explorés, tout cela place son livre dans la droite ligne de l'élan français qui est derrière le Forum social mondial. On pourrait l'appeler un Porto Alegre littéraire et y voir comme un gage de futurs débats. Quoi qu'il en soit des critiques et objections à venir, *La République mondiale des lettres* – davantage un empire qu'une république, comme Pascale Casanova le montre – a des chances d'avoir le même impact libérateur qu'*Orientalisme* d'Edward Said*, avec lequel le livre soutient la comparaison.

L'énigme n'en reste pas moins entière. Qu'est-ce qui explique cet étrange contraste en France entre un cosmopolitisme littéraire unique et un tel provincialisme intellectuel ? Il est tentant de se demander si la réponse ne repose pas simplement dans la relative assurance dont l'histoire et les sciences sociales font preuve : la vitalité native qu'elles conservent en France entraînerait de l'indifférence pour les productions étrangères ; au contraire, le déclin du prestige des lettres françaises les amènerait à rechercher une compensation dans le rôle de drogman universel. Il y a peut-être quelque vérité là-dedans, mais l'explication n'en est pas moins insuffisante. Car la fonction de Paris comme capitale mondiale de la littérature moderne – sommet d'un ordre international de consécration symbolique – a depuis longtemps précédé la perte de prestige des écrivains français eux-mêmes ; elle remonte, comme Pascale Casanova l'a bien montré, à l'époque de Strindberg et de Joyce.

Qui plus est, il est un art parallèle qui contredit totalement cette explication. L'hospitalité que la France offre aux productions venues des coins les plus reculés de la planète a également été incomparable pour le cinéma. Les salles parisiennes montrent tous les jours cinq fois plus de films étrangers, récents ou anciens, que n'importe quelle autre

---

* Edward Said, *L'Orientalisme. L'Orient créé par l'Occident*, Paris, Seuil, 1993. *[NdT]*

ville de la terre. Une bonne partie de ce que l'on appelle aujourd'hui le «cinéma mondial» – iranien, taiwanais ou sénégalais – doit sa visibilité à sa consécration par la France quand ce n'est pas à des financements français. Si des réalisateurs comme Kiarostami, Hou Hsiao-Hsien ou Sembene avaient dépendu de la réception de leurs films dans le monde anglo-américain, ceux-ci n'auraient guère été vus en dehors de leur pays d'origine. Cette ouverture aux productions cinématographiques étrangères n'est cependant pas récente. Le brio de la Nouvelle Vague est né de l'enthousiasme pour les comédies musicales et les films de gangsters hollywoodiens, pour le néo-réalisme italien et l'expressionnisme allemand, qui apportèrent au cinéma français un vocabulaire contribuant largement à sa réinvention. Énergie nationale et sensibilité internationale furent d'emblée inséparables.

*

De tels contrastes nous rappellent qu'aucune société d'une certaine importance ne marche tout entière dans une seule et même direction. Il y a toujours des contrecourants, des enclaves, des déviations ou des reculs par rapport à ce qui paraît être l'orientation majeure. Dans le monde de la culture aussi bien que dans celui de la politique, la contradiction et l'irrelation sont la règle. Elles n'infirment pas les jugements généraux, mais elles les compliquent sérieusement. Il n'est pas absurde de parler d'un déclin français depuis le milieu des années soixante-dix. Mais le sens usuel donné à ce terme par Nicolas Baverez et d'autres, sens qui a produit le *déclinisme*, est à proscrire. Il s'attache trop étroitement aux seules performances économiques et sociales considérées sous l'angle de la compétition entre pays. L'histoire depuis la guerre a montré la facilité avec laquelle les positions des uns et des autres dans ces domaines peuvent changer. Les verdicts qui se fondent sur de tels indicateurs sont en général superficiels.

Le déclin, dans le sens qui compte, est une autre affaire. Pendant les quelque vingt années qui ont suivi la fin des *Trente Glorieuses*, l'état d'esprit des élites françaises ne différa guère d'une version démocratique de ce qu'il avait été au début des années quarante ; le sentiment était très largement partagé que le pays avait été contaminé par des doctrines subversives dont il lui fallait se purger, que les traditions les plus saines du passé national devaient être remises à l'honneur et, par-dessus tout, que les formes de l'indispensable modernité ne pouvaient être trouvées que dans la grande puissance du moment : pour la reconstruction intérieure, il fallait donc soit les adapter, soit les adopter. Le modèle américain, plus indolore que l'allemand, resta plus longtemps en vigueur. À terme, cependant, même ses plus chauds partisans finirent par éprouver des doutes. À suivre ce chemin, n'allait-on pas vers une banalisation pure et simple de la France ? Une réaction commença à se faire jour à partir du milieu des années quatre-vingt-dix.

Il est encore bien difficile d'en estimer la profondeur ou de dire ce qu'il en sortira. La tendance à enfermer l'économie et la société françaises dans la camisole de force du néo-libéralisme a certes ralenti ; elle ne s'est pour autant pas relâchée – Maastricht est d'ailleurs là pour ça. Ce qui n'a pas pu être accompli directement peut se faire plus graduellement par une érosion des mesures de protection sociale plutôt que par une attaque en règle contre elles – peut-être la méthode la plus classique en la matière. Une normalisation rampante, du genre de celle que le gouvernement Raffarin tente d'instaurer, en faisant profil bas, est moins risquée que les charges de cavalerie qu'attendent les admirateurs de Nicolas Sarkozy, le dernier d'Artagnan de la droite, et elle peut s'avérer plus efficace dans la France actuelle. Ce ne sera pas le Parti socialiste, qui a été aux affaires pendant seize des dernières vingt-quatre années, qui y mettra un terme. Ses monuments culturels, la pacotille hideuse des *grands travaux* de l'ère Mitterrand et les shows vulgaires de Jack Lang, que l'opinion conservatrice n'a pas tort de détester, ont été l'incarnation de tout ce qu'a signifié le progrès de la banalisation.

À l'étranger, les passions francophiles qui étaient si communes entre les deux guerres ont pratiquement disparu. Aujourd'hui, la France, comme la plupart de ses voisins, sinon davantage, provoque des sentiments contradictoires – un égal mélange d'admiration et d'irritation. Cependant, si jamais le pays se réduisait à n'être qu'un spécimen de plus dans la cage du conformisme atlantique, il y aurait un grand vide dans le monde. La disparition de tout ce que la France a représenté culturellement et politiquement, dans son éblouissante différence, serait une perte dont l'ampleur est encore difficile à estimer. Quant à savoir si cette éventualité est proche, il est bien difficile de le dire. La sèche réplique de Smith à Pitt vient à l'esprit : « Il y a toujours bien de la ruine dans une nation. » Les dédales cachés du pays, les turbulences qui se forment régulièrement sous la surface paisible d'une société de consommation, les impulsions sporadiques – menaçantes ou résiduelles – à se porter sans crainte à la gauche de la gauche, l'impatience qui, par le passé, s'est manifestée contre l'ennui démocratique, sont autant de raisons de penser que la partie n'est pas tout à fait jouée. Raymond Aron, après avoir longuement et lucidement expliqué pourquoi la France n'était plus sujette aux lignes de fracture révolutionnaires du XIXᵉ siècle ou du début du XXᵉ, et qu'elle avait enfin atteint un ordre politique stable et légitime, n'en terminait pas moins son grand éditorial de 1978 sur cet avertissement : « Ce peuple, apparemment tranquille, est encore dangereux. » Espérons-le.

la pensée réchauffée

réponse de Pierre Nora

I

Faut-il vraiment répondre à Perry Anderson ? Au moment de m'y mettre, la plume me tombe un peu des mains. Je suis d'accord avec lui sur quantité de remarques et d'analyses et, surtout, je partage avec lui le diagnostic d'ensemble sur la langueur et l'anémie créatrice de la France, sauf que je vis ce qu'il appelle la « dégringolade » française sur un mode plus douloureux que moqueur, et que je dissimule le mot « désastre » qui me viendrait à l'esprit sous l'appellation plus avouable de « métamorphose ».

Je lui reprocherai même plutôt de ne pas aller assez loin. Car cet affaissement de la production dans tous les domaines n'est que le symptôme d'un mal beaucoup plus profond, qui affecte les rapports des collectivités avec leur passé et leur avenir, des hommes entre eux et même de soi à soi. Et ce mal n'est pas seulement français ; c'est celui de l'Europe entière.

Mais c'est sur l'interprétation générale de la période et l'explication politico-historique qu'il en donne que je suis en désaccord complet. Or, avec le type d'esprit qui me paraît être le sien, je crains qu'il n'y ait guère de discussion possible. Pour attribuer au seul refoulement de l'élan révolutionnaire depuis 1968 l'étiolement culturel de la France,

il faut en effet avoir encore aujourd'hui un blocage idéologique assez bétonné. Faut-il alors revenir, au risque d'en-
dormir le lecteur et de se décourager soi-même en route,
sur des choses cent fois dites et répétées, qui étaient des évi-
dences il y a déjà vingt-cinq ans? On est là, avec son texte,
devant une grille de raisonnement sur laquelle les arguments
n'ont pas de prise, sans quoi la grille se serait cassée depuis
longtemps. Il est clair qu'en dépit de goûts et d'intérêts communs pour certains films et certains livres, nos principes
d'interprétation historiques et nos points de vue politiques
sont radicalement différents.

Un obstacle ne facilite pas, non plus, une réponse bien
articulée: l'essai de Perry Anderson, initialement publié
dans la *London Review of Books* en deux articles respectivement titrés «Dégringolade» et «Union sucrée» (jeu de mots
amusant, quoiqu'en porte-à-faux), constitue un ensemble
flou, chaotique, aux contours sinueux, impressionniste, bref
très anglo-saxon de facture, qui laisse en définitive incertain
sur la position intellectuelle et politique exacte de cet historien et théoricien marxiste plutôt gauchiste, tantôt spirituel
et informé, tantôt étroitement prisonnier de ses préjugés.
Le résultat fait un peu bouillie. De l'extrémisme mou pour
dénoncer la pensée tiède.

Y aurait-il donc vraiment la moindre raison de se mobili-
ser sans la place démesurée et dérisoire que Perry Anderson
attribue à François Furet et à sa «galaxie», dans laquelle je
tiendrais un rôle non négligeable? Car il faut quand même
une capacité fantasmatique et une propension assez inquié-
tante à la fixation obsessionnelle pour faire de lui et,
accessoirement, de votre serviteur et de quelques autres, les

foyers de la corruption nationale et nous élever, sans rire, mais au prix de présentations biaisées, de coups tordus et de petites perfidies[1], à la dignité, d'ailleurs contradictoire, de symptômes et d'agents, d'illustrations involontaires et de chefs d'orchestre clandestins de cette «union sucrée» qui serait, depuis les années quatre-vingt, l'expression super-structurelle de la réaction ultra-libérale – la réaction libérale étant toujours «ultra» quand elle n'est pas «néo». Je n'exa-gère pas: «La victoire du mouvement d'opinion représenté par François Furet et ses amis était évidente. [...] Le spectre de la Révolution avait été enterré. [...] Restait un ultime héritage du passé à purger totalement de ses ambiguïtés: la Nation. Cette tâche revint à Pierre Nora.» Vous avez bien lu. Et si j'ai bien compris, sans vouloir nous flatter, Furet aurait à lui tout seul liquidé la Révolution française et le communisme, et j'aurais fait le reste avec *Les Lieux de mémoire*, en installant par ailleurs *Le Débat*, inspiré lui-même par le diabolique et tout-puissant Furet, en organe central de la réaction.

C'est vraiment trop d'honneur. Et la mort de François Furet d'un côté, ma modestie naturelle de l'autre m'obli-gent à rectifier les choses. Je le ferai avec d'autant moins de scrupules et d'autant plus d'empressement que les diffé-rends personnels qui nous opposent recouvrent, en fait, des divergences profondes quant à la vision de l'histoire de

---

1. Comme celle, entre autres, qui consiste à faire mourir Furet dans une partie de tennis, ce qui est vrai, contre Luc Ferry, ce qui est une pure inven-tion mais fait mieux dans le paysage. Ou que je viens moi-même «d'une riche famille de banquiers», alors que mon père était chirurgien, chef de service à l'hôpital Rothschild.

la France, à la pratique de l'histoire, à l'exercice et à l'éthique de la vie intellectuelle.

Une raison supplémentaire m'y pousse. Il n'est pas si fréquent, après tout, qu'un historien étranger d'une certaine envergure et dont la vie française n'est pas la spécialité se donne le mal de consacrer à la France un essai de pareille ampleur ; et qu'il y ait un journal anglais pour le publier en deux livraisons, ou pour le commander. On ne pourrait que les féliciter tous les deux si cette diatribe ne participait, en fait, d'un *French bashing* devenu un sport international qui, après avoir envahi un moment les États-Unis, revient en Angleterre dont c'était la spécialité. On regrette qu'un Perry Anderson, consciemment ou non, vienne y prêter la main[1].

*

L'argument central et le fil conducteur du raisonnement de Perry Anderson, tels qu'on peut les reconstituer, me semblent à peu près les suivants.

À la différence de l'Angleterre, qui a connu depuis la guerre un déclin lent, par étapes, la France, après un redressement peu spectaculaire, mais certain, sous la IVᵉ République, a vécu sous de Gaulle un apogée intellectuel et artistique particulièrement brillant. Il culmine dans l'explosion vitale de

---

1. Signalons à tout hasard qu'au moment de la parution, j'ai écrit à la *London Review of Books* pour demander, au nom du droit de réponse, quelle longueur leur paraîtrait acceptable. Pas de réponse.

Mon ami Stephen Graubard, fondateur et pendant trente ans directeur de la prestigieuse revue américaine *Daedalus*, s'est vu, de son côté, refuser l'intervention qu'il se proposait de faire.

mai-juin 1968, dont l'«écrasement» aura été fatal. C'est le grand tournant révolutionnaire manqué, à partir duquel la France n'a plus fait que «s'enfoncer dans la dépression post-partum d'une révolution avortée». Un nouveau 1848, en somme.

Les choses ne sont évidemment pas linéaires. Ce qui reste d'élan révolutionnaire s'engouffre alors dans les rangs du Parti communiste, et c'est le Programme commun de 1972. Mais la panique inspirée par la possible victoire de la coalition marxiste précipite la droite dans une réaction à outrance, ralliant au passage les nouveaux philosophes qui, avec l'aide providentielle de *L'Archipel du goulag*, affolent le pays par le récit des horreurs du totalitarisme soviétique et le dégoûtent des origines théoriques du communisme bolchevique. Deuxième tournant donc; et arrivée malgré tout de Mitterrand au pouvoir, mais dans un désert idéologique et par un élan que le tournant de 1983, le troisième, va définitivement décevoir.

C'est que depuis le milieu des années soixante-dix, pour notre auteur, la grande conjuration libérale s'était déjà subrepticement, mais sûrement, mise en place. Un front antitotalitaire s'était constitué, dont les principales revues, *Esprit, Commentaire, Le Débat,* se sont faites les expressions et les instruments. Arrive alors sur fond de thatcherisme et de reaganisme Furet, installant un peu partout les états-majors de la réaction, aux Hautes Études, à la Fondation Saint-Simon, au *Nouvel Observateur,* pour répandre son idéologie délétère; et moi-même, chef d'orchestre des *Lieux de mémoire* et du *Débat,* faisant entendre à la France entière la grande musique du néo-libéralisme.

J'avoue que là, je perds un peu pied. L'idéalisme de cet esprit de formation marxiste me laisse pantois. Son recours à l'explication par le complot davantage encore. Et comment se fait-il que Raymond Aron apparaisse plusieurs fois invoqué favorablement comme un esprit lucide aux jugements acceptables, alors que Furet, qui est resté toujours authentiquement de gauche, mais de gauche critique, se voit chargé de tous les péchés ? Anderson lui attribue l'idée, à ses yeux absurde, que « le moteur de l'histoire [...] est essentiellement le jeu des idées ». Mais que penser de lui-même, Anderson, qui a l'air de croire que les idées de Furet seraient à elles seules capables d'*arrêter* l'histoire ? Toujours est-il que la mainmise triomphale culmine avec *Le Passé d'une illusion*. Mais patatras, « neuf mois plus tard, la France était secouée par la plus grande vague de grèves et de manifestations qu'elle eût connue depuis 1968 ». C'est le grand réveil, à défaut du grand soir.

Nous voici en décembre 1995. À partir de là, tandis que le front antitotalitaire se déchire et que le vrai courant libéral et pro-américain se sépare du courant souverainiste, donnant lieu à la grande guerre civile lancée par Lindenberg contre les « nouveaux réactionnaires », le néo-libéralisme s'épuise devant la guérilla renaissante de la résistance populaire. Depuis 1989 et « la soumission de Mitterrand aux marchés financiers », les grondements menaçaient des profondeurs et imposaient le respect à toute vraie tentative de modernisation du pays. « L'électorat a immanquablement sanctionné les gouvernements qui tentaient de lui faire avaler cette médecine », le Front national se grossis-

sant, depuis lors, des déçus du tournant libéral et poursuivant son action dissolvante.

Résultat final, et provisoire : d'un côté, une situation
politique de plus en plus pourrie, où la réélection de
Chirac, en 2002, fait songer à l'élection de Pétain en 1940 ;
de l'autre, s'accumule une puissante réserve explosive qui se
rappelle périodiquement par des mobilisations massives : le
demi-million de 1984 qui fait chuter Mauroy sur la question de l'école privée ; les milliers d'étudiants et lycéens de
1986 qui obligent Chirac à retirer le projet Devaquet sur la
réforme universitaire ; les six semaines de paralysie contre
les réformes de Juppé ; et les routiers de 98, les retraités, les
chômeurs contre Jospin.

Le front de la résistance populaire s'est organisé. Il a son
organe central avec *Le Monde diplomatique*, son boutefeu
avec ATTAC, son mouvement général de coordination altermondialiste, ses figures de proue, de Bourdieu à Bové, ses
classiques et ses bréviaires avec *La Misère du monde* et
L'Horreur économique. À Porto Alegre, en 2001, il connaît
pour Perry Anderson son premier sommet (que j'aurais plutôt situé à Seattle, en 1999) : « C'est là, sur cette scène transnationale inédite, que la France a retrouvé quelque chose
de sa place historique comme pays d'avant-garde de la
gauche. » De quoi ne pas désespérer tout à fait de ce pays
bizarre, plein de contrastes et d'inattendus et pour lequel
Perry Anderson laisse percer une espèce de tendresse qui
nous donne au moins quelque chose à partager, lui et moi.

*

C'est à peine si j'ai caricaturé cette vision manichéenne. Perry Anderson ne se demande pas une minute quel type de rapport, s'il y en a un, entretient, par exemple, avec le gaullisme, l'éclat de la vie intellectuelle d'une part, et, d'autre part, les forces, étudiantes et ouvrières, qui vont exploser en mai-juin 1968. Il n'a pas l'air non plus de voir que l'explosion n'a été si violente en France qu'à cause du poids conjugué du gaullisme et du communisme stalinien. Pas plus qu'il ne relève la responsabilité des communistes dans la rupture du Programme commun. Vision totalement unilatérale.

Le rapport établi par Anderson entre les nouveaux philosophes et le front antitotalitaire est tout aussi ubuesque. C'est négliger, notamment, tout le courant de pensée réfractaire au communisme et au totalitarisme, de droite, de gauche comme d'extrême gauche trotskiste, de *Preuves* à *Arguments*, du Congrès pour la liberté de la culture à *Socialisme ou Barbarie*, de Raymond Aron à Pierre Naville en passant par Malraux, Camus, Merleau-Ponty : long travail que l'effet Soljenitsyne a rendu tout à coup visible et audible.

Il est parfaitement exact que Mitterrand est arrivé au pouvoir dans le désarroi idéologique du marxisme. Mais ce désarroi n'est pas le résultat des coups de boutoir d'une réaction affolée et triomphante. C'est l'évidence incontournable de la faillite du socialisme soviétique et de la philosophie qui l'avait inspiré, ainsi que de son coût historique et humain. Et le choix de François Mitterrand en 1983 n'est pas l'agenouillement devant les forces déchaînées du capitalisme français ; c'est la crainte d'isoler la France du reste de l'Europe et de ne pouvoir remonter la pente économique

que son alliance avec les communistes avait fait descendre depuis 1981.

On pourrait continuer la démonstration point par point. Perry Anderson ne s'interroge même pas sur la nature très particulière de l'explosion de 68 et sur les problèmes que pose sa dimension parodique, ludique et commémorative de révolution sans programme et sans but défini de prise de pouvoir. Il ne se demande pas davantage, à propos des grèves de 1995, quel type de «révolution» d'un genre nouveau constitue une revendication sociale dont le mot d'ordre est, bizarrement, la conservation frénétique des avantages acquis. Non. Ça pète, divine surprise. C'est le retour de la France du fantasme gauchiste. Est-ce une analyse d'historien ou de militant? Selon l'humeur où l'on est, on peut lui trouver le charme rafraîchissant du regard extérieur ou, derrière une agréable rhétorique, une certaine indigence de pensée.

C'est l'historien en Perry Anderson qui, paradoxalement, me paraît décevant – et, pour tout dire, légèrement démodé dans sa manière de corréler étroitement le mouvement des idées avec le progrès de l'esprit révolutionnaire, et de s'enfermer dans ce cercle vertueux. Qu'il réduise par exemple *Les Lieux de mémoire* à des éléments disparates et veuille n'y voir qu'une machine de guerre idéologique prouve seulement une incompréhension et un aveuglement complet de ce que représentaient la nouveauté de l'histoire culturelle et son entrée en force dans la discipline et dans l'historiographie européenne et mondiale. *Les Lieux de mémoire* en ont été l'un des fers de lance. Si leur portée avait été principalement idéologique, réactionnaire et strictement hexagonale, auraient-ils inspiré, indépendamment de leur traduction dans les principales langues de culture, tant d'entreprises analogues à l'étranger, en Italie, en Allemagne, aux Pays-Bas[1]? Auraient-ils initié un tel déluge de travaux sur la mémoire historique, incarné les débuts d'un véritable courant historiographique? Perry Anderson passe à côté de la profonde transformation historique et sociale à quoi a correspondu l'avènement de l'histoire culturelle, dont la problématique permet d'enrichir, et non d'éliminer, les acquis de l'histoire économique et sociale. Et il manque ainsi le renouvellement d'analyse qu'elle lui aurait permis pour interpréter, par exemple, les trente dernières années politico-culturelles de la France. Elle l'aurait aidé à sortir d'une vision unilatérale et par trop dichotomique. Il n'y a jamais eu en France, comme Perry Anderson le donne à croire, une pensée marxiste et révolutionnaire d'un côté, et tout le reste de l'autre.

Je comprends moins encore qu'un historien de formation marxiste accepte, pour éclairer les spécificités françaises qui le fascinent à juste titre, de s'enfermer dans un registre purement politico-culturel et même étroitement hexagonal.

Perry Anderson, ici aussi, n'a pas l'air de se rendre compte que la France n'est pas seule au monde, qu'elle n'en est pas complètement isolée et que, pendant ces dix, vingt ou trente dernières années, des événements économiques et

---

1. Cf. *I Luoghi della memoria*, sous la direction de Mario Isnenghi, 3 vol., Rome et Bari, Laterza, 1996-1997 ; *Deutsche Erinnerungs Orte*, sous la direction d'Étienne François et de Hagen Schulze, 3 vol., Munich, Beck, 2001-2002 ; *Plaasten von herinnering*, sous la direction de Henri Wesseling, 4 vol., à paraître en 2005.

historiques de longue portée n'ont pas été sans commander les réactions et les évolutions proprement françaises. Comment ne pas tenir compte, pour les expliquer, de la crise du pétrole, de l'effondrement de l'empire et du régime soviétiques, de la politique américaine depuis la guerre du Golfe? Comment ne pas mesurer les effets en profondeur qu'ont pu avoir, sur la conscience et la culture, des faits aussi énormes que la fin de la guerre d'Algérie, l'effacement symétrique du gaullisme et du communisme, l'installation de l'alternance politique, l'accélération de la construction européenne?

Qu'il y ait eu, parallèlement à la transformation de la place et du rôle de la France dans le monde, une brutale et mystérieuse dénivellation de sa production culturelle, c'est une évidence. Mais est-ce mieux ailleurs? Perry Anderson peut-il citer un seul «grand intellectuel» anglais, espagnol, italien qui rappellerait de près ou de loin ce que furent Sartre et Lévi-Strauss, sans parler de Benedetto Croce et de Bertrand Russell? Une seule entreprise théorique, un seul mouvement intellectuel, dont l'ambition et le rayonnement dépassent les frontières du pays? Où sont les grandes cultures nationales? Qu'est devenu le cinéma italien et même anglais? Où est passée la tradition de la philosophie allemande, excepté Habermas qui prend de l'âge? Et la situation est-elle plus brillante aux États-Unis, d'où nous est venue une si grande part de la culture d'après-guerre – musique, roman, cinéma, peinture? D'où nous est venue aussi une bonne part des sciences sociales: où sont aujourd'hui les Wright Mills, les Talcott Parsons, les Kardiner, les Lazarsfeld et autres Meyer Shapiro? L'anémie des cultures proprement nationales et la raréfaction des théories d'ensemble sont des phénomènes de grande ampleur qui dépassent de beaucoup le cas français, lequel ne fait à la vérité que les amplifier et les exemplifier. Il peut y avoir dans chaque discipline intellectuelle et dans chacune des formes d'expression artistique des individualités brillantes, et il y en a assurément. Mais les disciplines elles-mêmes et les pratiques artistiques ne sont pas, aujourd'hui, dans un état propice à l'éclosion de théories générales et de mouvements d'ensemble.

*

Le phénomène est seulement plus voyant en France pour une série de raisons dont je me contenterai d'évoquer succinctement les quatre qui me paraissent les principales.

Il est vrai que la France a, pour commencer, l'art de donner à la vie intellectuelle et littéraire un relief ailleurs inconnu. Non par un trait spécial du «caractère national», mais en raison du lien politique que l'État, un État fort et centralisateur, a historiquement entretenu, pour s'affirmer, avec les institutions scolaires, linguistiques, culturelles et savantes. D'où un débordement permanent de la vie de l'esprit dans la sphère politique et publique. D'où les enjeux proprement politiques de la culture. C'est ce qui explique la place des humanités dans la formation d'une culture qui a été longtemps la plate-forme commune aux politiques, aux littéraires, aux intellectuels et aux scientifiques. Plate-forme dont le déclin a porté un coup fatal à ces quatre secteurs d'activité. La concurrence de l'anglais, qu'évoque Perry

Anderson, n'est pas fausse. Elle est cependant moins grave, tout compte fait, que ce suicide identitaire qu'ont représenté l'abandon progressif des humanités classiques et l'adoption des formes nouvelles d'apprentissage de l'histoire et des lettres.

La deuxième raison de l'hypervisibilité française tient, sans doute, à la concomitance de deux phénomènes différents, mais qui sont entrés en résonance pour se renforcer mutuellement : la fin de l'âge totalitaire dans le monde et l'épuisement, en France même, des paramètres qui avaient depuis la Révolution tissé la trame de l'histoire avec les fils entrelacés du national et du révolutionnaire. Mélange dont le gaullisme comme le communisme stalinien avaient représenté, chacun à sa façon, les versions extrêmes et les formules ultimes. L'éloignement conjoint, à la fin des années soixante-dix, de ces deux forces politiques qui avaient dominé la scène depuis la guerre a marqué en France la fin de cette culture de guerre civile dont Perry Anderson a une si évidente nostalgie. Coup dur, il faut le reconnaître, pour les amateurs de ce révoltisme natif qui constitue l'autre face de cet autoritarisme militaire caractéristique de la culture et de la société françaises. Et disparition qui a profondément modifié la nature, les formes et les buts de ces grèves et manifestations à répétition où Perry Anderson voit la permanence de flambées communielles, porteuses de la promesse révolutionnaire.

Troisième facteur qui peut contribuer en France au blocage de la situation : il consiste dans le retournement de la dynamique qui a précisément assuré, comme le note Perry Anderson, l'élan, l'éclat et le rayonnement d'après-guerre, jusqu'au milieu des années soixante-dix environ – c'est un changement interne au modèle national. Il touche à la fois la société – avec la crise de l'État-providence ; la politique – avec le grippage de la Constitution de la Ve République ; et toutes les formes de l'« exception culturelle » : la recherche scientifique et l'université, mais aussi l'édition, le cinéma et le théâtre. L'ensemble des solutions qui avaient débloqué la société, créé les conditions de la croissance et du décollage d'un XIXe siècle prolongé, et assuré enfin à ce pays si profondément conservateur une expansion, sous des formes et dans des équilibres qui n'étaient qu'à lui, tous ces mécanismes se sont enrayés et les forces mêmes qui avaient favorisé l'élan et permis la modernisation – oui, la modernisation – se sont retournées pour devenir des freins, des forces de résistance et d'inertie.

Le dernier facteur qui donne à la « dégringolade » française son relief particulier est sans doute le principal, puisqu'il touche à la mutation du type même de la nation. Presque tous les pays d'Europe, et même du monde, ont subi depuis une trentaine d'années des bouleversements qui affectent leur existence, leur mode d'être et leur conscience de soi ; à commencer par l'Angleterre et l'Allemagne. La France avait eu en propre d'être à la fois le plus ancien des États-nations et celui qui avait vu se maintenir le plus longtemps les formes de son identité traditionnelle : impériale, militaire, centraliste, étatiste, paysanne, chrétienne, universaliste et laïque. Voilà que toutes ces formes, sans exception, ont été atteintes, et toutes en même temps. C'est tout le modèle national et républicain classique qui est en question. Au regard de la conscience des Français, comme de la science des historiens et des analystes, «la France» comme unité, comme représentation et comme volonté se vit sous forme interrogative et problématique. Comment cet ébranlement n'aurait-il pas appelé, dans ce pays où l'histoire nationale a toujours joué un rôle central, la mobilisation générale des historiens?

Perry Anderson semble ne relever cette concentration que pour mettre en relief le nombrilisme français et un rétrécissement des curiosités par rapport à la grande période des *Annales*[1]. À quoi joue-t-il, lui qui, dans une longue et, au demeurant, riche analyse consacrée à *L'Identité de la France* de Fernand Braudel[2], remarquait la vague européenne naissante depuis les années quatre-vingt et la convergence des travaux sur les «identités nationales», à commencer par les Allemands et les Anglais? Il s'interrogeait sur la différence avec l'ancienne étude du «caractère national». Mais convaincu surtout du lien étroit entre le développement du capitalisme et l'affirmation nationale, il débouchait sur la question de savoir si la victoire et l'expansion mondiale du capitalisme allaient, ou non, entraîner la fin des nations. Une conception moins mécaniste et déterministe lui aurait sans doute évité de s'enfermer dans ce faux dilemme et l'aurait mieux disposé à comprendre la lecture plus intérieure du phénomène national à laquelle, précisément, j'ai tenté, avec beaucoup d'autres, de me livrer.

---

1. Krzysztof Pomian en particulier a bien montré, dans son étude sur «L'heure des *Annales*», dans *Les Lieux de mémoire* (II, *La Nation*, 1), la présence, la constance et même la priorité de l'histoire nationale chez tous les représentants du mouvement des *Annales*.

2. «Fernand Braudel and National Identity», dans *A Zone of Engagement*, Londres, Verso, 1992, p. 250-278.

Perry Anderson veut n'y voir qu'un ramassis de sujets disparates et qui, ô scandale, accorde une égale importance à des objets majeurs de l'histoire nationale – Verdun ou de Gaulle – et à des thèmes aussi insignifiants que l'étude du notaire ou les noms de rues. Un nid d'hirondelles en somme, qui, de surcroît, évite soigneusement les sujets qui font mal – Diên Biên Phû ou la torture en Algérie et, en général, l'aventure coloniale – au profit d'une vision lénifiante et consensuelle de la France. Avec une mauvaise foi certaine et pour les besoins de sa cause, Anderson ne retient des explications théoriques dont j'ai jalonné l'entreprise qu'une citation de la courte présentation initiale de 1984, *captatio benevolentiae* pour un type d'histoire radicalement différent de l'histoire économique et sociale comme de l'histoire des mentalités qui régnaient alors ; pierre d'attente pour les lourds problèmes dont cette histoire d'un type nouveau était porteuse derrière l'apparente facilité de lecture. Tous problèmes que Perry Anderson discrédite et évacue avec l'évocation d'une histoire au «second degré», ce qui signifie pour lui, en clair, une vraie machine de guerre idéologique.

Restons d'abord au «niveau plancher» de la productivité historique. Ces objets apparemment triviaux, et jusqu'aux symboles fétiches de l'identité nationale – *La Marseillaise*, les trois couleurs, la devise républicaine, le 14 juillet, le Panthéon, les monuments aux morts, etc. –, personne n'avait jusque-là songé à en faire vraiment l'histoire, parce que, si incorporés qu'ils étaient à cette identité vécue, célébrée, ritualisée, ils constituaient pour ainsi dire l'angle mort de l'historiographie nationale. Il ne s'agit pas seulement des symboles les plus éclatants, mais, de proche en proche, de toutes les composantes de l'identité nationale ; des plus évidents, comme Jeanne d'Arc et la tour Eiffel, aux plus marginaux, comme le dictionnaire Larousse ou le Tour de France. Et c'est précisément une des vertus, à mes yeux, de cette approche nouvelle que de ramener au centre de la grande histoire, au foyer rayonnant de l'identité, toute cette moisson de sujets apparemment marginaux et périphériques – un musée, un livre pour enfants, une peinture de paysage.

Faut-il tenir pour rien une démarche qui permet ainsi un regard tout neuf sur une quantité de sujets tout neufs, depuis le «soldat Chauvin», pierre de touche du chauvinisme français, jusqu'au *Dictionnaire de pédagogie* de Ferdinand Buisson, indispensable à l'intelligence de ce que fut l'enseignement primaire républicain, ce socle même de l'identité nationale ? Un historien digne de ce nom peut-il y être indifférent et prétendre, pourtant, que *Les Lieux de mémoire* n'ont rien apporté à la discipline historique ? S'il est au contraire un apport qui a été largement reconnu à cette œuvre par la communauté des historiens, c'est bien la fécondité heuristique de la méthode. Une méthode qui transforme une étude traditionnellement célébratrice en étude de ces célébrations, une histoire totémique en histoire critique. Une méthode qui déplace du même coup le projecteur du sujet lui-même à la constitution de ce sujet dans le temps, au trajet qu'il a fait pour venir jusqu'à nous, trajet qui devient aussi intéressant que le sujet lui-même et qui désormais en fait partie. Bref, une histoire qui, loin de s'appauvrir et de se fuir elle-même dans la nostalgie des choses menues et dans l'érudition anecdotique, s'enrichit de passer au « second degré ». Est-ce si difficile à comprendre ?

Mais il y a plus, bien plus. L'introduction même de ces sujets à la curiosité savante oblige l'historien à s'interroger sur les *conditions de possibilité historique de leur avènement*, sur le pourquoi de leur apparition aujourd'hui et aujourd'hui seulement. Ce déplacement suppose l'installation d'un rapport nouveau au passé, dont l'historien est évidemment partie prenante, mais dont il doit en même temps se déprendre pour le comprendre, car là est son rôle ; et c'est précisément ce qui le fait historien.

Pour que l'émergence d'une historiographie de ce type soit possible, il faut que soit opérée une profonde transformation de l'histoire et de la société elles-mêmes. Et c'est là que notre vrai travail commence, travail qui reste d'historien et non pas d'idéologue. Cette transformation, sur laquelle je me suis souvent et longuement expliqué[1], consiste dans

---

1. Dernièrement, par exemple, à l'occasion d'un dossier autour de *La Mémoire, l'Histoire, l'Oubli*, de Paul Ricœur, « Pour une histoire au second degré », *Le Débat*, n° 122, novembre-décembre 2002, p. 24-31.

le croisement de deux mouvements de grande ampleur qui donnent leur marque à notre époque : un mouvement temporel et un mouvement social. D'un côté, une accélération de plus en plus rapide de l'histoire qui plonge tout, et de plus en plus vite, dans un passé définitivement passé, et qui donne à notre présent cette frénésie préservatrice des traces et des restes, ce scrupule à détruire, cette obsession accumulatrice dont se nourrit l'hypertrophie des institutions de mémoire : archives, musées, bibliothèques, collections, numérisation des stocks, banques de données, chronologies et répertoires, toutes choses où il ne faut plus voir le rebut de notre civilisation et la poubelle de notre histoire, mais, au contraire, le miroir de notre identité et le dépositaire de notre vérité à déchiffrer.

Puis, de l'autre côté, ce puissant mouvement d'affranchissement et d'émancipation qui travaille tous ceux que l'histoire avait eu tendance à oublier, à méconnaître, tous les groupes sociaux arrachés au silence des minorités – peuples, sexes, familles, individus –, et qui s'approprient désormais leur histoire sous le signe de la mémoire. Émergence ou, pour mieux dire, explosion, qui donne son actualité forte à la notion de mémoire collective.

Il y avait autrefois des mémoires individuelles et une histoire collective. La notion de mémoire collective a pour effet brutal de modifier très profondément le statut respectif et les rapports réciproques de l'histoire traditionnelle et de ce qu'on entendait autrefois par mémoire. Du même coup, s'est brisée la légitimité d'une histoire purement linéaire. La cassure d'un temps historique homogène appelle une histoire fragmentée. C'est ce qu'en fin de compte ne supportent pas les historiens comme Perry Anderson, car c'est la fin de leur univers familier où la dimension politico-idéologique expliquait et justifiait le travail de l'historien. La fin d'une histoire linéaire, la fin d'une histoire finaliste, la fin d'une histoire dont on connaît la fin.

Ah! J'oubliais: le colonialisme[1]. Perry Anderson peut-il imaginer que l'auteur des *Français d'Algérie* (1962) se serait en l'espace de vingt ans converti en nostalgique honteux, inavoué, du colonialisme? Et qu'avant de prendre mon parti de ne traiter que le centenaire de l'Algérie (par Charles-Robert Ageron), je n'ai pas beaucoup réfléchi?

J'ai bien tourné autour de plusieurs entrées: le parti colonial, le duel Ferry-Clemenceau, le roman colonial, les colonies dans l'affiche ou les manuels scolaires. Toutes me paraissaient bien légères par rapport à la taille de l'enjeu. Deux choses me frappaient en ce début des années quatre-vingt: d'une part, le peu de traces apparentes qu'une histoire aussi énorme avait laissées de visibles et de tangibles.

1. Je ne m'attarderai pas sur le supposé oubli de Napoléon. Ce reproche est repris, sans y aller voir, de Steven Englund qui, tout occupé de Napoléon, aurait sans doute voulu que je lui consacre davantage. Il y a «Le retour des cendres», par Jean Tulard. Quel autre «lieu de mémoire» aurait-on pu prendre, en dehors du *Mémorial de Sainte-Hélène* (qui figure en bonne place dans «Les mémoires d'État» et qui eût été moins parlant) ou du «code civil», qui se trouve admirablement traité par Jean Carbonnier?

Je passerai vite également sur le trop petit nombre de lieux de type révolutionnaire, où Perry Anderson voit une intention délibérée. S'est-il rendu compte que les *Lieux* ont été conçus et réalisés au moment du Bicentenaire? Nombre de sujets que j'eusse considérés comme indispensables étaient prévus dans l'une ou l'autre des centaines de publications en préparation.

Et, d'autre part, le poids que la guerre d'Algérie faisait porter sur l'expérience coloniale tout entière, en même temps que le refoulement, la volonté d'oubli, le deuil dont elle était l'objet. Le deuil! Le deuil colonial, voilà ce qui me paraissait le vrai «lieu de mémoire» à saisir. Il faut ne rien comprendre à l'histoire de la France d'après-guerre et rien aux Français pour ignorer le poids tragique de ce deuil brûlant dans notre conscience nationale, encore aujourd'hui, plus de quarante ans après la fin de la guerre d'Algérie. Le deuil, sujet en soi magnifique, tentative difficile – comment rendre «positif» un sujet «négatif»? Je ne voyais, pour le traiter, à vrai dire, que l'auteur des *Français d'Algérie*. Mais il lui fallait six mois, et ces six mois, je ne les avais pas. Quand on a soixante-dix auteurs à «éditer» en même temps et derrière soixante-dix autres, des dates impératives de sortie, il y a des sacrifices qu'il faut savoir consentir.

Celui-là n'est pas le seul du reste, ni même, à mes yeux, le plus grave. Perry Anderson croit-il sérieusement – mais sur la base de quel préjugé? – qu'il m'en eût moralement coûté le moins du monde de parler de Diên Biên Phû, de la Saint-Barthélemy? C'est un tout autre argument qui m'en aurait, qui m'en a, retenu: à prendre des *événements* marquants de l'histoire, on risquait de faire prendre des *lieux d'histoire* pour des «lieux de mémoire». Or, c'était bien là le point qui m'intéressait: montrer la différence entre les deux. Non point donc égrener une histoire de France en la marquant de «lieux» à ne pas oublier, mais établir, empiriquement, par une série d'essais probants et par définition ni systématiques ni exhaustifs mais organisés en un ensemble cohérent, la légitimité et la validité de cette notion neuve de «lieu de mémoire» et l'existence inaperçue d'une topologie symbolique de l'histoire nationale.

Et puis quoi? Je lis dans la critique de Perry Anderson, en définitive, deux reproches contradictoires: d'un côté, «vous exaltez la nation» et, de l'autre, «vous enterrez la France en la chosifiant». Nationalisme ou muséification, il faudrait choisir.

Dans mon esprit, c'est évident, ni l'un ni l'autre. Mais j'entends bien ce que, dans ce mélange contradictoire, on veut me faire entendre: à savoir que, quoi que j'en aie et malgré mes protestations, ou ma bonne volonté critique, le résultat *objectif* de mon travail est une forme d'exaltation nationale, mieux: un chant d'amour pour la France. À preuve, le succès du livre et plus encore, de l'expression, qui m'auraient échappé l'un et l'autre.

À cet argument-là, j'ai envie de donner à mon tour deux réponses qui n'ont de contradictoire que l'apparence. La première: «C'est inévitable.» La seconde: «Et après? Mais attention! Quelle France? Quel amour? Et quel chant?» Quand un ethnologue consigne et transcrit un mythe, c'est la manière ultime de le réactiver, malgré lui. Claude Lévi-Strauss ne s'y est pas trompé quand il a salué dans le premier volume «une manière totalement nouvelle et originale d'écrire l'histoire aujourd'hui» (*Le Figaro*, 1985). J'en suis heureux et fier. Et quand Jacques Le Goff déclare des derniers volumes que «ce n'est pas une histoire de France, mais c'est l'histoire dont la France a aujourd'hui besoin» (*Le Monde*, 1993), je ne l'entends pas comme l'approbation d'un Le Pen, mais comme le jugement de l'un des meilleurs historiens aujourd'hui vivants qui, lui, a compris le sens profond de cette singulière entreprise sans la juger à l'aune de quelques certitudes fatiguées.

L'histoire de France est un genre. Il est évident que *Les Lieux de mémoire* avaient pour ambition de le subvertir en même temps que de l'illustrer. Si c'est ce que Perry Anderson veut dire par «machine de guerre idéologique», je suis d'accord; mais à cette seule condition.

Le Débat

L'organe central du «libéralisme de Guerre froide», dit sans rire Perry Anderson.

Qui cette définition de la revue ne va-t-elle justement pas faire rire?

Si Perry Anderson avait pris la vraie mesure de l'effondrement de la culture et de l'intelligence qu'il dénonce, il aurait peut-être compris que *Le Débat*, au début des années quatre-vingt, faisait précisément partie des rares entreprises qui se proposaient de remonter le courant. C'est précisément face à cet effondrement que la tentative de maintenir une entreprise de haut niveau prend son sens. Et au lieu de faire allusion aux gros sous de Gallimard, qui permettent à cette revue d'écraser tous ses rivaux potentiels – lesquels? J'ai toujours proclamé que les revues seraient, *ensemble*, sauvées ou perdues –, il aurait mieux fait, dans sa propre logique, d'être sensible au combat que mènent quelques courageux éditeurs pour lutter contre la concentration financière et capitaliste de l'édition et maintenir ainsi un espace vrai d'initiative intellectuelle et de liberté.

Avant de dauber les revues, et en particulier les trois revues générales que sont *Esprit, Commentaire, Le Débat,* unies dans le «front antitotalitaire», Perry Anderson serait mieux inspiré de se demander quel fonds d'intérêts communs ces revues ont à défendre, à faire vivre et fructifier, entre, d'un côté, une université française rongée depuis les années 1968 par la politisation et la bureaucratisation, et, de l'autre, la presse, les médias et les hebdomadaires. Mais, étrangement, Perry Anderson ne s'intéresse ni aux unes ni aux autres, dont les responsabilités sont majeures, faut-il vraiment le rappeler, dans la production et la diffusion de la culture. À part *Le Monde,* parce qu'on en parle, et *Le Monde diplomatique,* parce qu'il l'aime beaucoup, rien chez lui sur les aspects essentiels de la question. Et cette indifférence est d'autant plus surprenante que, pour rester encore une fois dans sa propre logique, ces revues faites de bouts de chandelles et d'une masse peu imaginable d'abnégations individuelles sont le lieu où passent par excellence les auteurs, les livres, les échanges et les idées sans lesquels l'encéphalogramme du pays serait plat; elles sont en même temps les seuls produits hors marché, les seuls dont le prix ne se mesure pas à des critères financiers mais à des critères purement intellectuels.

À la vérité Perry Anderson est à ce point pénétré, jusque dans l'exercice de la vie intellectuelle, de l'esprit de militance qu'il est incapable de comprendre vraiment l'esprit d'une entreprise intellectuelle inspirée par une volonté radicale de *non-militance,* celle précisément du *Débat.*

Nous avons été quelques-uns, avec Marcel Gauchet en particulier, dont Perry Anderson n'a l'air d'avoir perçu ni l'ampleur de l'œuvre ni l'importance de la pensée, à pressentir que nous vivions, en ces années quatre-vingt, l'un des moments de bascule historique, de mutation de civilisation, de fracture et de renouvellement en profondeur, qui appelaient, pour reprendre les mots d'un éditorial dont Perry Anderson ne cite que la conclusion volontairement provocatrice et lapidaire[1] : «d'autres valeurs de référence, d'autres sujets de curiosité, une autre génération d'auteurs, d'autres normes de sensibilité, d'autres formes de déchiffrement et d'interprétation de la réalité». Ce n'était pas là paroles en l'air, même si la réalisation n'a pas été, tous les jours, à chaque page, à la hauteur des ambitions. Mais dans ce monde que, historiens, nous sentions coupé de toutes ses formes traditionnelles de continuité historique et, par là même, dominé par l'impératif suprême de la *conscience historique*, une tâche s'imposait d'éclaircissement, d'intelligibilité, d'exploration, de confrontation, de hiérarchisation et, pour finir, de jugement.

Réduire cette tâche à un combat antitotalitaire télécommandé par le grand manitou Furet relève du simple ridicule. François Furet a été très proche de la revue, plus proche sans doute que tout autre. Il était lui-même, je crois, d'autant plus attaché au *Débat* que les débuts de la revue ont coïncidé avec son propre épanouissement intellectuel, tardif, comme le mien, un retard dont nous plaisantions entre nous. Il y a publié en particulier deux articles qui me paraissent rétrospectivement essentiels dans son parcours et qui y tiennent une place stratégique : «En marge des *Annales*» (n° 17, décembre 1981) et «La Révolution dans

1. «L'esprit du *Débat* est devenu l'esprit de l'époque», n° 60, mai-août 1990.

l'imaginaire politique français» (n° 26, septembre 1983). Il a lancé, avec Mona Ozouf, dès 1983, la discussion sur la commémoration de 1789, qui est peut-être ce qu'il y a eu de plus intéressant dans la commémoration elle-même. Avec ce don qu'il avait, très rare et presque disparu depuis, de nourrir le commentaire de l'actualité de la richesse d'une culture historique et réciproquement, il a rendu d'inestimables services à la revue à une époque où l'actualité politique française et internationale croisait directement ses curiosités d'historien. La conscience critique de la gauche qu'il a incarnée manque cruellement, même, je pense, à ses adversaires. Reste que la revue n'a jamais eu pour objectif premier d'être la conscience critique de la gauche. Et pas davantage de la droite. Son spectre d'intérêts est infiniment plus large, à vocation encyclopédique, comme l'est également son spectre d'auteurs. Ne compte à nos yeux, pour traiter une question, qu'une vertu dont le nom seul doit faire horreur à Perry Anderson : la compétence. C'est pourtant elle qui nous a poussés, par exemple, à faire appel à un certain Perry Anderson pour un article sur l'Europe, dont je garde du reste un excellent souvenir [1].

C'est précisément cette différence, dans son principe et dans ses conséquences, que l'ancien directeur de la *New Left Review* ne veut ou ne peut visiblement admettre ni comprendre : ce qu'est un engagement d'ordre purement intellectuel. Un engagement qui ne signifie aucun éloignement de «la misère du monde» pour employer le titre de Bourdieu ; au contraire. Qui n'exprime aucun alignement conformiste

---

1. *Le Débat*, n° 91, septembre 1996.

ni soif d'«union sucrée», pour reprendre le titre du second article de Perry Anderson dans la publication originale de son essai; au contraire encore. Qui ne signifie surtout aucune absence de conscience critique, civique et politique. Il s'agit de tout autre chose. La fin de l'âge totalitaire, qui ne relève pas de l'option individuelle mais du fait historique, et qui n'entraîne ni la fin du conflit d'idées ni même la fin de toute forme de conflit idéologique, a libéré et rendu nécessaire un autre type d'activité intellectuelle, liée à la formidable transformation du monde sur tous les plans.

Du coup, l'urgence et l'efficacité, aujourd'hui, ne consistent pas à rajouter de l'opinion à des opinions, de la protestation aux protestations, ni même des connaissances et des informations aux connaissances et aux informations. On n'a pas besoin de nous pour cette agitation. Ce monde saturé d'informations et écrasé de connaissances manque, en revanche, de moyens de les digérer et de les interpréter. Cette tâche est, en fait, autrement difficile et plus utile que de mêler sa voix à celles qui n'en ont pas besoin, de se faire plaisir avec des effets de menton et de style, de faire la leçon aux politiques en se prenant pour des consciences, de se précipiter pour délivrer des messages à la télévision et de ne servir en définitive que sa propre cause en prétendant servir celle de tous les damnés de la terre.

Dans l'ébranlement général des repères les mieux établis, notre travail consiste, plus modestement, à donner de la simplicité aux problèmes compliqués et à montrer que les problèmes apparemment simples sont, en fait, plus compliqués qu'on ne peut le croire.

Ce travail exige, pour commencer, de dégager l'activité

intellectuelle de toute affiliation, allégeance et inféodation politiques, pour lui donner sa pleine autonomie d'exercice et sa responsabilité. Oui, sa responsabilité. Elle exige aussi de trouver la bonne distance entre le monde de la recherche savante et l'univers des médias ; notre raison d'être consistant à faire passer dans la discussion et le domaine publics celles des connaissances qui les concernent et à donner du recul, de la profondeur réflexive et de l'éclairage critique au déferlement de l'actualité médiatique.

Perry Anderson, autrement dit, n'a pas pris la mesure de ce qu'implique, pour un intellectuel, l'abandon de la posture de la radicalité critique, puisque, pour lui, c'est cette posture qui le constitue intellectuel. Il se moque des mots, à ses yeux d'un humanisme tiédasse, sur lesquels la revue avait été lancée : « information, qualité, pluralisme, ouverture, vérité ». Je les reprendrais aujourd'hui volontiers sans rien y changer. Ils ne me paraissent, au bout de vingt-cinq ans, que plus nécessaires, et chargés, chacun, d'un poids d'exigence à la hauteur de laquelle nous ne demandons qu'à rester.

La condescendance ironique avec laquelle Perry Anderson traite ce type de travail me donne tout au plus à mesurer, là encore, tout ce qui nous sépare.

L'« affaire Hobsbawm »

Je ne serais pas revenu sur ce qu'on appelle d'un mot un peu abusif l'« affaire Hobsbawm », à laquelle Perry Anderson ne fait qu'allusion, si elle n'était maintenant, au titre de vérité établie, considérée comme l'exemple type de l'étroitesse du monde intellectuel et éditorial français, et dont je serais de surcroît le principal responsable. C'est la version que je retrouve encore dans le petit livre que vient de faire paraître mon ami André Schiffrin, excellent et courageux directeur de Free Press, pour illustrer son chapitre sur «le conformisme intellectuel en France», où il ne manque pas, au passage, de citer élogieusement l'article de Perry Anderson[1].

Reprenons donc, une fois pour toutes, les choses à zéro.

The Age of Extremes ayant paru en 1994, je vivais tranquillement sur l'idée qu'il allait sortir chez Fayard, puisqu'il se présentait comme le couronnement d'une succession d'ouvrages parus chez cet éditeur: *L'Ère des Révolutions, 1789-1848, L'Ère du capital, 1848-1870* et *L'Ère des empires, 1870-1914* (1970, 1978 et 1989). J'apprends en 1996 que Fayard, vu la mévente des précédents volumes et des rapports peu enthousiastes des lecteurs, a renoncé au projet et qu'aucun des éditeurs pressentis, des plus grands aux plus petits et quelle que soit leur orientation politique, n'a voulu se lancer dans l'entreprise. Il est vrai que ce genre d'ouvrages, très répandu en Angleterre et aux États-Unis, et qu'on appelle des *surveys*, mélange d'essai et de grand manuel, passe mal depuis toujours en France où le public n'y trouve ni la sécurité de l'information d'un vrai manuel ni le relief incisif d'un essai court[2]. Il est vrai aussi que ce livre, de plus de 750 pages

1. André Schiffrin, *Le Contrôle de la parole. L'édition sans éditeurs, suite*, Paris, La Fabrique, 2005, p. 79.
2. Dans l'index de cette histoire du XXᵉ siècle, vous ne trouvez pas par exemple «Auschwitz». Hobsbawm s'est expliqué sur sa discrétion à propos du génocide d'une manière parfaitement admissible. Mais cet exemple, parmi bien d'autres, confirme ma remarque sur l'ambiguïté du genre.

et 70 illustrations, tombait au beau moment où l'édition de ce type très précis de travaux accusait une chute libre des ventes, passant de 2 000 en moyenne à 800[1].

Mais, quand même, il était inquiétant que l'ouvrage majeur d'un historien de réputation internationale et qui cherche à embrasser toute l'histoire du siècle risquât de rester absent d'un pays qui se targue d'un haut niveau de recherche historique. J'ajoute qu'Hobsbawm était un ami de longue date, depuis un fameux congrès international à Vienne, en 1965, où nous avions sympathisé sous les auspices de… François Furet. Je crois avoir été le premier à faire (dans *Le Nouvel Observateur*) un compte rendu de son premier livre *Les Primitifs de la révolte* (1966), traduit en français (dans une collection dirigée par… François Furet et Denis Richet). Nous avions par ailleurs travaillé ensemble sur un projet international d'une *Histoire des marxismes*, sous la houlette de Giulio Einaudi, dont Gallimard s'est finalement retiré, il est vrai, devant l'orientation à mon avis trop orthodoxe qu'Hobsbawm tendait à donner à l'entreprise (l'ouvrage est paru chez Einaudi sous sa seule direction). Enfin, nous avons consacré dans *Le Débat* (n° 17, déc. 1981) une présentation approfondie de *Past and Present. Marxisme et histoire en Grande-Bretagne depuis la guerre* de James Obelkovitch, qui mettait en relief le rôle intellectuel important qu'avait joué Hobsbawm au sein de ce courant. Et je me suis personnellement toujours senti une

---

1. Cf. le rapport de mission commandé par le Centre national du livre, Sophie Barluet, *Édition des sciences humaines et sociales : le cœur en danger*, Paris, PUF, 2004, dont j'ai fait la préface.

dette intellectuelle à l'égard de *The Invention of tradition* (1983), ouvrage original et stimulant qu'il a dirigé avec Terence Ranger. J'ai été également heureux d'accueillir dans la «Bibliothèque des histoires» *Nations and Nationalism* (trad. fr. 1992; 2ᵉ éd. 1996) qui a connu un beau succès, grâce au programme d'agrégation qui en a fait une lecture quasiment obligatoire.

J'avais donc toutes les raisons de chercher à tirer d'embarras Hobsbawm, malgré le sentiment très partagé que me laissait son livre – et qu'il me laisse toujours: bien meilleur dans les chapitres culturels que dans les analyses politiques. Selon le devis demandé pour soumettre la décision à Antoine Gallimard, ce très gros livre aurait été vendu 400 francs de l'époque (soit environ 60 euros), 250 francs environ avec une subvention (soit 35 à 40 euros). Je me suis tourné vers des professeurs d'histoire de Sciences po et de la Sorbonne pour leur demander s'ils recommanderaient le livre: réponse négative. Allais-je me lancer sans conviction dans cette aventure improbable? J'entends encore François Furet à qui Eric Hobsbawm attribuait, à tort, l'«interdit» qui pesait sur son *opus*, me répéter, goguenard devant mes hésitations: «Mais traduis-le bon sang! Ce n'est pas le premier mauvais livre que tu publieras. Et je te promets même de faire le compte rendu dans *L'Observateur*!»

Pour aider donc le livre auquel je sentais Gallimard réticent, j'ai proposé à Hobsbawm de faire, dans *Le Débat*, comme nous l'avions fait pour *Le Passé d'une illusion*[1], un dossier de discussion, auquel Eric avait lui-même participé,

---

1. *Le Débat*, n° 89, mars-avril 1996.

qui consiste à solliciter les réactions de personnalités aux horizons variés, auxquelles l'auteur fait une réponse d'ensemble. Et, pour faire bonne mesure, j'ai demandé à Hobsbawm quels historiens il souhaitait que je sollicite, étant entendu que du côté du *Débat*, Krzysztof Pomian s'offrait à faire une lecture critique. C'est ainsi que le dossier, qui occupe un tiers du numéro[1], réunit les noms, prestigieux, de Michaël Mann, Christian Meier et Benjamin Schwartz. Pomian seul annonçait que «l'intention première de son article était de mettre en débat non seulement les opinions de Hobsbawm sur certains points d'histoire du XXe siècle, mais la vision d'ensemble qu'il en propose»; et terminait l'exposé de ses désaccords par cette phrase sans équivoque: «Nul ne pourra écrire désormais une histoire du XXe siècle sans prendre position face à ce livre.» Soixante pages, donc, dans *Le Débat*. Et ce alors qu'aucun organe de presse, je me permets de le rappeler, ne s'était jusqu'alors aperçu de l'existence du livre.

Et c'est là, en fait, que l'affaire commence vraiment.

Comme je n'étais pas inconscient, en effet, de la bizarrerie qu'il pouvait y avoir à organiser une discussion sur un livre que le lecteur français ne pouvait pas consulter dans sa langue, j'ai fait suivre ce dossier d'un entretien avec Michel Prigent, président du directoire des PUF, qui venait de renoncer à un ambitieux programme de traduction, à cause de la crise que connaissait l'édition, et dont les traductions étaient les premières victimes; et j'ai cru bon de m'expliquer moi-même dans le numéro. Après avoir fait état, longue-

---

1. *Le Débat*, n° 93, janvier-février 1997.

ment, des difficultés que commençait à connaître l'édition pour traduire ce genre d'ouvrage, j'avançais aussi que «le livre d'Hobsbawm apparaîtrait dans un environnement intellectuel et historique peu favorable». Pourquoi? «Parce que la France ayant été le pays le plus longtemps et le plus profondément stalinisé, la décompression, du même coup, a accentué l'hostilité à tout ce qui, de près ou de loin, peut rappeler cet âge du philosoviétisme ou procommunisme de naguère.» En fait, j'étais persuadé que même *L'Humanité* serait gêné devant des pages où s'affichait une pareille défense de l'Internationale communiste et de la politique stalinienne. Car ce livre, faut-il le préciser, revendiquait sans complexe une fidélité qui avait au moins le mérite de la sincérité, mais qui pouvait paraître un défi à l'histoire et à l'historiographie.

Seulement, voilà: j'avais naïvement sous-estimé, en ces années 1998-1999, l'écho que pouvait trouver, dans la nébuleuse critique en voie de cristallisation depuis les mouvements sociaux de 1995, ce marxisme de nostalgie et même ce communisme rémanent dont le «*great old man*» aux allures nonchalantes et élégamment dégingandées donnait une version présentable; beaucoup plus prudent, du reste, à l'oral qu'à l'écrit où personne n'allait voir. La presse s'emparait de l'affaire pour en faire «le livre interdit», boycotté, censuré, qui fait peur. Voilà Hobsbawm promu l'un des plus grands historiens du siècle, celui qui ose revendiquer haut et fort ses convictions de jeunesse et ses fidélités sentimentales. Pas comme tous ces historiens français acharnés à se demander tous, les renégats, ce qui avait bien pu leur prendre alors, les Annie Kriegel, les Le Roy Ladurie, les

Agulhon, et ce criminel en chef qui venait de dénoncer le passé de leurs illusions à tous. Et me voilà, pour avoir été, de tous les éditeurs français, celui qui s'était expliqué, affublé de tous les noms d'oiseaux, incarnation du «maccarthysme éditorial», comme dit gracieusement par exemple Serge Halimi pour lequel Perry Anderson n'a pas assez de compliments. *Le Monde diplomatique* aperçoit le coup politique possible et, s'improvisant défenseur de la liberté de parole bâillonnée, finance un sympathique éditeur de Bruxelles, André Versaille, directeur de *Complexe*, pour publier une traduction bâclée, avec une souscription organisée par le journal – c'est-à-dire sans que personne ne sache rien du livre, sauf que c'est «le livre qu'aucun éditeur n'a *osé* publier» – et pour un prix sans rapport avec le vrai prix de revient éditorial, autour de 60 francs de l'époque. C'eût bien été le diable si, dans ces conditions, le livre ne s'était pas vendu à 30 000 ou 50 000 exemplaires. Venu à Paris pour sa sortie, Hobsbawm m'a donné le sentiment d'être gêné par cette forme de lancement presque humiliante. Je me suis fait agonir pour avoir censuré un grand esprit et m'être donné le ridicule de passer à côté d'un best-seller. Je constate cependant que depuis le lancement de ce chef-d'œuvre, la vision de l'histoire défendue par Hobsbawm n'a pas gagné beaucoup de partisans ni laissé une trace de feu dans l'historiographie.

Je reste convaincu que *L'Âge des extrêmes*, paru dans la «Bibliothèque des histoires», sans scandale, se serait vendu très modestement. Aurait-il même eu les honneurs d'un compte rendu dans *Le Monde diplomatique*? L'ouvrage doit sa publication au dossier du *Débat*. Tant mieux. Hobsbawm, en privé, a eu pour moi des paroles amicales. Je ne sache pas cependant qu'il ait eu en public un seul mot pour couper court à la calomnie. Une chose sont les rapports personnels, autre chose la lutte contre l'ennemi de classe…

*

Si l'on voulait, pour finir, au-delà de toute polémique personnelle – dont je n'ai ni le don ni le goût –, chercher les vraies raisons de mes différences avec Perry Anderson et de nos oppositions, on les trouverait, plutôt que dans nos personnes, dans nos traditions nationales respectives.

L'Angleterre a connu des épreuves tragiques, mais qui ont plutôt contribué à fortifier son unité politique et morale qu'à la détruire. Elle n'a pas connu les divisions et les déchirements internes dans lesquels la France s'est débattue et qui ont fait sa hantise. Pour ne parler que du passé récent, si l'Angleterre a eu à surmonter des chocs terribles, elle n'a pas connu l'invasion étrangère et l'occupation, ni l'interminable et sanglante décolonisation, ni une droite si longtemps antirépublicaine et un parti communiste si fort et si profondément stalinien.

Dans ces conditions, l'intelligentsia britannique et ses plus brillants représentants ont pu se permettre, par anticonformisme et par chic, de pratiquer un extrémisme idéologique et politique platonique et sans conséquences. Il restait confiné dans des revues savantes, des cercles restreints, et se portait fort bien autour des *high tables* d'Oxford et de Cambridge. Être communiste hier, dans un pays où il n'y avait pratiquement pas de parti communiste, n'engageait pas à grand-chose. Être gauchiste aujourd'hui dans un pays de modérés est une manière flatteuse de se distinguer. Cela ne pèse guère sur le destin national. Les enjeux d'une pareille posture intellectuelle et politique, en France, sont autrement lourds.

En soi, le radicalisme politique de Perry Anderson n'a rien pour me choquer. Le problème est qu'il est, intellectuellement, inopérant par rapport à la décomposition que Perry Anderson a le mérite de percevoir et de décrire : au contraire, il l'aggrave et il en fait partie. L'extrémisme oppositionnel est psychologiquement compréhensible, il peut même être salutaire en maintenant le système politique sous pression. Quand on retrouve 11 % de trotskistes à une élection présidentielle, on peut estimer ce score plutôt folklorique ; après tout, ce n'est pas pire que 80 % de façade faussement unanime. Mais intellectuellement, est-ce à coups d'incantations dépassées qu'on va résoudre ou même seulement aider à comprendre quelques-uns des problèmes que la société française doit affronter ? La charge de Perry Anderson procède plus de la lecture des écrits de Karl Marx sur la France du XIXe siècle et d'une volonté de les actualiser que d'une connaissance des réalités économiques et sociales de la France des débuts du XXIe siècle.

Où est, aujourd'hui, le camp du mouvement ? C'est la question qu'en définitive le texte de Perry Anderson permet de poser, dans son amour du passé français. Ce qu'il a d'intéressant, et même d'extraordinaire, c'est à la fois sa sensibilité à la « dégringolade » et sa cécité à l'égard de ses causes et des moyens éventuels d'y remédier. Là-dessus, rien. Et si j'avais un seul reproche à lui faire, ce serait que sa manière de poser le problème empêche de le résoudre. D'où le recours au coup de gueule d'un côté, au complot de l'autre. On n'est guère plus avancés.

Perry Anderson se refuse obstinément à voir que le révolutionnarisme français, tel qu'il se maintient aujourd'hui, est l'expression d'un fondamental et tragique conservatisme français. Ce mélange de Joseph de Maistre et de Robespierre n'a qu'un inconvénient : son irréalité complète et sa nuisance. En empêchant la société française de relever ses vrais défis, il lui interdit de se transformer.

Reste que dans ce texte beaucoup sans doute, en France même, se reconnaîtront. À ceux-là, Perry Anderson tend un miroir où ils pourront retrouver, à travers un regard étranger, avec une honnête franchise, l'incandescence de leurs passions comme leur nostalgie impuissante et, pour tout dire, stérile. En m'adressant à lui, c'est d'eux, aussi, que j'aimerais me faire entendre. Et si cet échange pouvait favoriser un dialogue sans injure, sans haine et sans mépris, peut-être alors n'aurait-il pas été complètement vain.

Pierre Nora

MALLES BERTAULT

135, rue d'Aboukir - 1er étage
Tél. 01 42 33 03 80 - 75002 PARIS
Métro : *Strasbourg-Saint-Denis*
Lundi au vendredi 8 h à 18 h
(samedi 9 h à 17 h)

Parking : 28, bd Bonne-Nouvelle

Table

RÉALISATION : PAO ÉDITIONS DU SEUIL
IMPRESSION : FIRMIN-DIDOT AU MESNIL-SUR-L'ESTRÉE (EURE)
DÉPÔT LÉGAL : AVRIL 2005. N° 80304 (73340)
IMPRIMÉ EN FRANCE